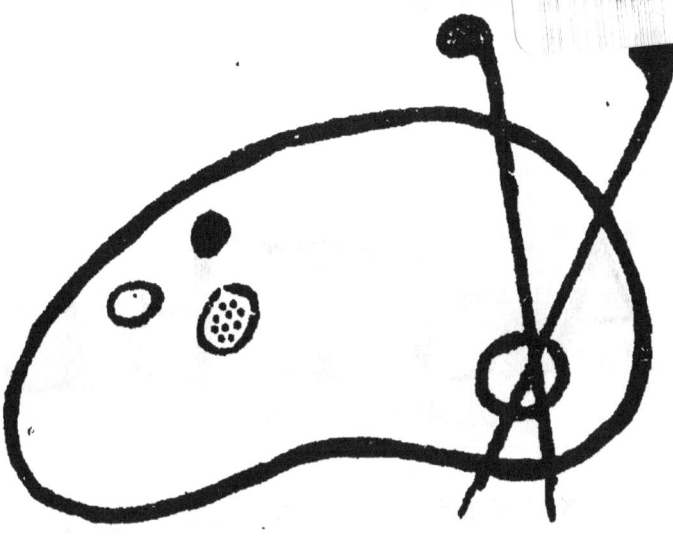

Couvertures supérieure et inférieure
en couleur

PAUL BOURGET

PASTELS

(DIX PORTRAITS DE FEMMES)

PARIS
ALPHONSE LEMERRE, ÉDITEUR
23-31, PASSAGE CHOISEUL, 23-31
—
M DCCC LXXXIX

A LA MÊME LIBRAIRIE

OEUVRES
DE
Paul Bourget

Édition elzévirienne

Poésies (1872-1876) *Au bord de la Mer — La Vie inquiète Petits Poèmes.* 1 vol.	6 »
Poésies (1876-1882) *Edel. — Les Aveux.* 1 vol.	6 »
L'Irréparable. — *Deuxième Amour. — Profils perdus.* 1 vol.	6 »
Cruelle Énigme. 1 vol.	6 »

Édition in-18

Essais de Psychologie contemporaine. (Baudelaire. — M. Renan. — Flaubert. — M. Taine. — Stendhal). 1 vol.	3 50
Nouveaux Essais de Psychologie contemporaine. — (M. Dumas fils. — M. Leconte de Lisle. — MM. de Goncourt. — Tourguéniev. — Amiel). 1 vol.	3 50
Études et Portraits. (I. *Portraits d'écrivains.* — II. *Notes d'esthétique.* — III. *Études Anglaises.* — IV. *Fantaisies*). 2 vol.	7 »
L'Irréparable. *L'Irréparable — Deuxième Amour — Profils perdus.* 1 vol.	3 50
Cruelle Énigme. 1 vol.	3 50
Un Crime d'Amour. 1 vol.	3 50
André Cornélis. 1 vol.	3 50
Mensonges. 1 vol.	3 50
Pastels. (*Dix portraits de femmes*). 1 vol.	3 50
Le Disciple. 1 vol.	3 50

EN PRÉPARATION

Physiologie de l'Amour moderne.	1 vol.
Cosmopolis. (*Roman*)	1 vol.
Les Nostalgiques. (*Poésies*)	1 vol.

Paris. — Imp. A. Lemerre, 25, rue des Grands-Augustins.

PASTELS

OEUVRES
DE
Paul Bourget

Édition elzévirienne

Poésies (1872-1876). *Au bord de la Mer.* — *La Vie inquiète.* — *Petits Poèmes.* 1 vol.	6 »
Poésies (1876-1882). *Edel.* — *Les Aveux.* 1 vol.	6 »
L'Irréparable. — *Deuxième Amour.* — *Profils perdus.* 1 vol.	6 »
Cruelle Énigme. 1 vol.	6 »

Édition in-18

Essais de Psychologie contemporaine. (Baudelaire. — M. Renan. — Flaubert. — M. Taine. — Stendhal). 1 vol.	3 50
Nouveaux Essais de Psychologie contemporaine. — (M. Dumas fils. — M. Leconte de Lisle. — MM. de Goncourt. — Tourguéniev. — Amiel). 1 vol.	3 50
Études et Portraits. (I. *Portraits d'écrivains.* — II. *Notes d'esthétique.* — III. *Études Anglaises.* — IV. *Fantaisies*), 2 vol.	7 »
L'Irréparable. *L'Irréparable.* — *Deuxième Amour.* — *Profils perdus.* 1 vol.	3 50
Cruelle Énigme. 1 vol.	3 50
Un Crime d'Amour. 1 vol.	3 50
André Cornélis. 1 vol.	3 50
Mensonges. 1 vol.	3 50
Pastels. (*Dix portraits de femmes*). 1 vol.	3 50
Le Disciple. 1 vol.	3 50

EN PRÉPARATION

Physiologie de l'Amour moderne.	1 vol.
Cosmopolis. (*Roman*)	1 vol.
Les Nostalgiques. (*Poésies*).	1 vol.

Tous droits réservés.

PAUL BOURGET

PASTELS

(DIX PORTRAITS DE FEMMES)

PARIS

ALPHONSE LEMERRE, ÉDITEUR

23-31 PASSAGE CHOISEUL, 23-31

—

M DCCC LXXXIX

Gladys Harvey

A LUIGI GUALDO.

GLADYS HARVEY

RÉCIT DE CLAUDE LARCHER

ON parle beaucoup de démocratie, par le temps qui court, — ou qui dégringole, comme disait un misanthrope de ma connaissance. Je ne crois pas cependant que nos mœurs soient devenues aussi égalitaires que le répètent les amateurs de formules toutes faites. Je doute, par exemple, qu'une duchesse authentique, — il en reste, — étale aujourd'hui moins de morgue que sa trisaïeule d'il y a cent et quelques années. Le faubourg Saint-Germain, quoi qu'en puissent penser les railleurs, existe encore. Il est seulement un peu plus « noble faubourg » qu'autrefois, par réaction. Parmi les femmes qui le composent, telle qui habite un second étage de la rue de Varenne et qui s'habille tout simplement, comme une bourgeoise, faute d'argent, déploie un orgueil égal à celui de la Grande Mademoiselle à traiter de grimpettes les reines de la mode et du Paris élégant. Cette élégance même dont on proclame la vulgarisation en disant : « aujourd'hui tout le monde s'habille bien, » demeure, elle aussi, un privilège. A quelque point de vue que l'on se place, de fond ou de forme, de principe ou de décor, la prétendue confusion des classes, objet ordinaire des dithyrambes ou de la satire des moralistes, n'apparaît telle qu'à des yeux superficiels. L'aristocratie de titres et celle des mœurs, — elles sont deux, — restent fermées autant, sinon plus, qu'au siècle dernier où un simple talent de causeur permettait à un Rivarol, à un Chamfort, de souper avec les meilleurs des gentilshommes, où le prince de Ligne traitait l'aventurier Casanova, où les grands seigneurs préludaient à la nuit du Quatre Août par d'autres nuits d'une licence impurement égalitaire. C:

qu'il est juste de dire, c'est que la démocratie a, d'une part, compensé l'inégalité forcée des noms et du passé en établissant une réelle inégalité politique au profit de ceux qui sont les fils de leurs œuvres et à qui elle attribue toutes les fonctions d'État; c'est aussi qu'elle a multiplié et mis à la portée de tous et de toutes un *à peu près* de luxe, d'élégance et de haute vie qui fait illusion, — de loin. Cet à peu près a son symbole et son principal moyen d'action dans ces grands magasins de nouveautés d'où une femme sort habillée comme chez Worth, munie de meubles de style, enrichie de bibelots curieux. Mais la toilette, mais les meubles, mais les bibelots sont « presque cela, » — et ce « presque » suffit à maintenir la distance.

Cette différence entre l'authentique et l'à peu près ne m'est jamais apparue aussi nette qu'à fréquenter, comme je l'ai fait à diverses périodes, les jeunes Parisiens qui s'amusent. Je les vois devant mes yeux, en ce moment, comme rangés sur un tableau symbolique. Il y a d'abord en haut le véritable viveur, celui qui possède réellement les cent cinquante mille francs par an que suppose la grande fête, comme ils disent, — ou qui se les procure. Celui-là joint à cet or un nom déjà connu, des relations toutes faites dans le monde, et cette espèce de précoce entente de la dépense qui fait qu'un jeune homme, s'il se ruine, sait du moins pourquoi. Sa place était marquée d'avance dans l'annuaire des deux ou trois grands cercles que les Snobs de la bourgeoisie mettent des années à forcer. Ce jeune homme peut être, avec cela, un garçon très fort ou très médiocre, traverser Paris sans y perdre pied ou sombrer aussitôt dans l'océan des tentations qui l'environnent. En attendant, il est le roi de ce Paris. C'est pour lui que travaille l'énorme ville, à lui qu'aboutit l'effort entier de cette colossale usine de plaisirs. S'il a des aventures dans le monde ou le demi-monde, c'est avec des femmes comme lui, de celles dont la lingerie intime représente seule une fortune et dont le raffinement ne saurait être surpassé à l'heure présente, *first class ladies*, des femmes de première classe, disent les Anglo-Saxons du commun, habitués à tout étiqueter comme des marchandises. Que ce jeune homme conduise un phaéton attelé de ses propres chevaux, ou qu'il emploie, par goût du sens pratique, des fiacres de cercle, soyez assuré que son appartement est aussi confortable que celui d'un grand seigneur anglais, aussi encombré de bibelots et de fleurs que celui d'une courtisane à la mode, qu'il ne mange qu'à des tables princièrement servies, que les moindres brimborions attenant à sa personne supposent la plus fastueuse des dissipations. Enfin, il y a beaucoup de chances pour qu'il se ruine à l'ancienne méthode, dans ce siècle positif, par une fantaisie d'existence à réjouir l'ombre du vieux Lauzun, quitte à suivre jusqu'au bout l'ancienne méthode, et vers la quarantième année, à reprendre au sexe féminin sous la forme d'une belle dot tout l'argent qu'il lui aura prodigué.

Immédiatement au-dessous de ce viveur de la grande espèce, vous trouverez son à peu près dans un personnage presque semblable, mais auquel il manquera un je ne sais quoi en noblesse ou en situation, en fortune ou en tact personnel. Celui-ci sera un bourgeois honteux d'être bourgeois, un timide qui voudra jouer au cynique, un étranger en train de se naturaliser Parisien, un régulier qui s'amusera par devoir, ou tout simplement un de ces indéfinissables maladroits auxquels une histoire ridicule arrive de toute nécessité dans un temps donné. Cet à peu près de maître viveur aura lui-même son à peu près. Ce sera le fils du commerçant pour qui le cercle de la rue Royale est l'*ultima Thule*, la terre inaccessible du navigateur ancien, et qui se contente du café de la Paix, le soir, en sortant du théâtre. Celui-là fréquente bien les premières représentations comme les autres, mais sans avoir son entrée dans aucune des loges où trônent les grandes élégantes. Il se paie les femmes les plus haut cotées à la bourse de la galanterie, mais il n'a jamais pu en lancer une, ni s'organiser quelque liaison mondaine dont il soit parlé dans les cercles comme d'une espèce de mariage morganatique. Et cet à peu près d'à peu près a son à peu près dans l'étudiant riche, venu de province pour s'initier à la haute vie et qui entre en corruption, comme on entrait autrefois en religion. Cet étudiant porte bien les mêmes cols raides comme du marbre, les mêmes chapeaux luisants comme un sabre, le même habit et les mêmes bottines. Mais son restaurant favori est situé sur la Rive gauche. Il a, répandu sur toute sa personne, quelque chose qui trahit « l'autre côté de l'eau. » On sent, à le regarder, qu'il s'élance vers le Paris des fêtes du fond d'un appartement meublé de la rue des Écoles. Ses maîtresses aussi sont des à peu près d'à peu près, des filles du boulevard Saint-Michel, jalouses d'imiter les filles des

Folies-Bergères, — tandis qu'au-dessus de ces créatures s'échelonne toute la suite des femmes entretenues, depuis celle qui continue la tradition de la lorette, — un appartement de trois mille francs et le reste dans le même prix, — jusqu'à la courtisane d'ordre ou de désordre supérieur que des amis complaisants peuvent présenter à un prince étranger de passage sans que l'Altesse, habituée aux minuties des somptuosités royales, soit choquée d'un seul détail de toilette et d'installation. Et c'est ainsi que la nature sociale, invincible en ses moindres décrets comme la nature physique, impose cette loi de la hiérarchie, méconnue par les doctrinaires d'égalité, dans le domaine le plus fantaisiste en apparence, le plus abandonné au libre caprice.

Parmi les spectacles auxquels se puisse complaire la curiosité du moraliste, un des plus curieux est assurément celui des métamorphoses d'un personnage en train de passer d'un de ces à peu près dans un autre. Ce spectacle, je me le suis donné bien souvent, à retrouver un ancien camarade après quelques années, après quelques mois. Rarement j'ai pu suivre les étapes diverses de cette sorte d'évolution sociale, — si le mot n'est pas trop gros pour une très petite chose, — comme à l'occasion d'un jeune homme du nom de Louis Servin, que des circonstances particulières m'avaient permis de prendre à l'œuf. Voici douze ans, Louis en avait quatorze alors, j'étais, moi, séparé de ma famille, les vivres coupés et obligé d'utiliser, en vue de « faire de la littérature, » le bagage de latin et de grec qui me restait du collège. Quelques répétitions le jour et force papier noirci le soir, — tel était mon sort à cette époque. Parmi mes élèves de hasard se trouvait Louis Servin. Son père, excellent homme et d'une activité presque américaine, avait fait et défait deux fois, sa fortune. Il avait fondé enfin une maison de confection qui, sous cette rubrique toute simple : *Au bon drap*, constitua la plus forte concurrence qu'ait eue à subir la célèbre *Belle Jardinière*. Louis était le fils unique, follement gâté, de ce robuste travailleur et d'une femme à prétentions qui avait eu une grand'mère noble. Dès cet âge tendre, il s'annonçait comme le plus vaniteux des garçons que j'eusse connus. Il suivait les cours du lycée Charlemagne et il en souffrait, — parce que c'était un collège démocratique. Ses yeux brillaient quand il parlait d'un de ses petits camarades qui suivaient, eux, les cours de

Bonaparte. Mais voilà, le père Servin avait ses magasins rue Saint-Antoine. Cet enfant était déjà si étrangement perdu de mesquinerie instinctive qu'il savait l'étage où habitait chacun de ses compagnons de jeu, et je ne l'ai jamais entendu me parler avec sympathie d'un ami qui logeât plus haut que le second. L'ingénuité de cette sottise me divertissait dans l'entre-deux de nos explications latines, au point que je ne me décidai pas à perdre de vue un sujet aussi bien doué pour devenir un Snob de la grande espèce. Étudiant en droit, Louis tint les promesses de son adolescence. Il fut un des premiers à importer dans les brasseries du quartier Latin les costumes et les attitudes des gommeux, — c'était le nom à la mode en ces temps lointains, — qu'il avait pu remarquer au théâtre ou aux courses. Le hasard le favorisa. Son père, dont il rougissait, mourut subitement ; et d'accord avec sa mère, aussi vaniteuse que lui, le fils vendit la maison. Il vit avec ivresse disparaître, sur les vitrages des portes et sur l'enseigne, ce nom de Servin, qu'il projetait déjà de modifier en y joignant celui de Figon. Ainsi s'appelait l'aïeule maternelle. Il partit pour l'Italie sur ces entrefaites, en compagnie d'une certaine Pauline Marly qui avait été, à une époque, l'objet des faveurs d'un assez grand personnage. Il en revint après quelques mois avec des cartes de visite sur lesquelles se lisaient en toutes lettres ces syllabes magiques : *Servin de Figon*, et je fus invité à dîner par sa mère, qui signa son billet : Thérèse Servin de Figon, elle aussi ! Ce fut pour Louis le signal d'une nouvelle vie qu'il inaugura par une rupture absolue avec toutes ses anciennes connaissances, exception faite pour ceux qu'il savait, comme moi, un peu attachés à tous les mondes. Ce fut la période des « Premières, » du Boulevard, et des soupirs nostalgiques vers le grand cercle. Dans quel bar à la mode connut-il le beau marquis de Vardes, et à la suite de combien de cock-tails bus ensemble ce véritable élégant s'intéressa-t-il aux efforts de ce jeune bourgeois en train de se *déserviniser?* Toujours est-il que, pendant des années, Servin de Figon, devenu S. de Figon, suivant la formule, s'attacha au marquis comme les Scapins de l'ancienne comédie s'attachaient aux Léandres, avec une de ces persistances de flatterie qui supportent toutes les rebuffades, acceptent toutes les servilités et triomphent de toutes les répugnances. Philippe de Vardes, chez qui l'abus des succès faciles n'a pas détruit la bonhomie native, alla jusqu'à donner à son admirateur des leçons de toilette et aussi quelques sages conseils sur la conduite de ses relations. « C'est encore jeune, » disait-il, quand on le questionnait sur S. de Figon, « mais dans deux ou trois ans il sera fait... » Il en parlait comme de son bordeaux. Cependant, l'influence de cet aimable protecteur n'allait pas jusqu'à forcer en faveur du protégé les portes du paradis de la rue Royale. Le Servin était encore trop près, et surtout Louis avait voulu aller trop vite. Quelques dîners trop réussis offerts à de nobles décavés lui avaient attiré de sourdes envies. Un dernier reste de sens pratique, héritage du père Servin, lui fit comprendre cette faute, d'autres encore, et il prit la résolution, désormais, d'obéir aveuglément à Vardes. Deux séjours en Angleterre, à la suite de cet indulgent protecteur, lui avaient ouvert une vue sur le monde cosmopolite, et maintenant sa mère, morte à son tour, devait se retourner de joie dans sa tombe. Il ne fréquentait plus que des gens titrés ou millionnaires, — et le prince de Galles savait son nom !

Si intéressant qu'un pareil échantillon de la vanité bourgeoise puisse paraître à un auteur, il est vite connu, classé, défini, étiqueté. Et pourtant, lorsque mon vieux domestique Ferdinand, par un soir du mois de juillet, voici deux ans, m'apporta une carte anglaise sur laquelle il y avait un simple *Louis de Figon*, je ne répondis point par un énergique : « dites que je n'y suis pas... » Au contraire, je me frottai les mains et je le priai d'introduire mon visiteur inattendu avec la plus joyeuse impatience. Il est vrai d'ajouter que j'avais fortement travaillé tout le jour, et quand un écrivain a dix heures d'allègre copie dans le cerveau et dans les doigts, sa béatitude intellectuelle est si complète qu'elle le rend indulgent aux pires raseurs. Mais le faux de Figon n'est pas seulement un raseur, il est aussi un *catoblépas*. C'est un mot que je demande au lecteur de vouloir bien me pardonner. Je l'ai emprunté à la *Tentation de saint Antoine* par Flaubert, où il est parlé de cet animal, si parfaitement bête qu'il s'est une fois dévoré les pattes sans s'en apercevoir. « Sa stupidité m'attire..., » dit l'ermite. Il se rencontre ainsi, de par le monde, des fantoches d'un sérieux si profond dans la niaiserie, d'une sincérité si entière dans le ridicule, qu'une espèce d'incompréhensible fascination émane de leur sottise, comme du catoblépas de la *Tentation*. La littérature en a créé un certain nombre, dont le plus remarquable est Joseph Prudhomme. Le catoblépas n'est pas simplement le personnage comique, il faut que ce caractère de comique s'accompagne chez lui d'une déformation de la nature humaine si absolument constitutionnelle qu'il équivaille dans l'ordre moral aux nains monstrueux dont raffolaient les princes d'autrefois. Il doit correspondre en nous à ce goût singulier de la laideur dont l'art de l'Extrême-Orient atteste la prédominance définitive chez certaines races. En suis-je moi-même pénétré? Toujours est-il que la visite de mon ancien élève, par le soir d'été dont je parle, me causa un réel plaisir et que je donnai l'ordre de le recevoir, avec une soif de le retrouver pareil à lui-même dans son ridicule, qui ne fut pas déçue quand il entra dans mon cabinet de travail. Amené par quel motif? Je ne pensai pas à me le demander.

Le physique est excellent. Servin de Figon est grand et mince, avec un visage au nez allongé, un front petit, et comme une inexprimable suffisance répandue autour de sa bouche et de ses joues. Invinciblement, en sa présence on pense au proverbe « vaniteux comme un paon, » et l'on constate une extraordinaire identité de physionomie entre cet oiseau et cette figure. De chaque côté de ce visage tout en pointe partent deux oreilles trop détachées Une raie tracée au milieu de la tête divise les cheveux noirs en deux plaques luisantes et cosmétiquées savamment. La moustache est d'une autre couleur que les cheveux, presque rousse, et sa tournure atteste le coup de fer quotidien. Mais ce qui achève de donner à Louis la plus étonnante expression de vanité heureuse, c'est une certaine façon de porter la tête en arrière dans un abaissement dédaigneux des paupières qui se déploient ensuite avec lenteur, tandis que la bouche parle et sourit de ses propres paroles. C'est sur des airs pareils que le premier venu dirait de ce jeune homme : « quel poseur !... » sans même prendre garde à sa mise plus qu'affectée. Louis copie Philippe de Vardes, son maître, avec une fidélité si gênante qu'il faut toute la bonne humeur du marquis pour ne pas détester cette caricature. Philippe est athlétique et sanguin. Il porte des redingotes et des jaquettes ajustées qui font valoir ses muscles. Ces mêmes redingotes et ces mêmes jaquettes, mises sur le grand long corps de Louis, en exagèrent encore la maigreur. Philippe, avec son teint presque trop coloré, peut supporter les couleurs claires qui donnent au visage en papier mâché de Louis des nuances verdâtres de précoce cadavre. Le léger accent britannique du marquis s'explique par ce fait que sa mère était Écossaise et qu'il a lui-même vécu à Londres autant qu'à Paris, au lieu que le fils du patron du *Bon drap* n'a jamais su de la langue anglaise que les termes de courses qu'il prononce mal. Et puis, ce sont des tics du maître apparus dans la bouche de l'élève comme un certain « ça est... » qui revient sans cesse.

— « Mais ça est gentil chez vous, » me dit-il en entrant, comme tout étonné de ne pas trouver son ancien répétiteur dans le pire des galetas; et tirant de sa poche un étui à cigarettes en argent où la couronne de comte commence à se dessiner : « Vous n'en prenez pas ? D'excellentes cigarettes d'Égypte... Philippe et moi nous les faisons venir du Caire directement... C'est lord *** (ici un des plus beaux noms du *Peerage*) qui nous a donné l'adresse... Vous ne le connaissez pas ? Ah! charmant, mon cher, charmant, et un chic !... Nous faisions la fête ensemble, l'autre jour, chez Philippe... Un seul vin à dîner, du château-margaux 75... Enfin, Bob était parti... (ses paupières se déplièrent tandis qu'il appelait ainsi ce grand seigneur, qui n'aurait pas voulu du père Servin pour habiller sa maison). Il y avait là Viollas, le cousin de la petite Dutacq, cette jolie blonde qui ressemble à lady *** (ici un autre souvenir du *Peerage*). Voilà que Bob demande tout haut, avec son grand air et son accent : — « La petite Dutacq, délicieuse... Qui est « son amant ? — Monsieur, interrompt Viollas, « Mme Dutacq est ma cousine... » Et savez-vous ce que Bob a répondu : — « Je ne vous demande « pas cela, monsieur, je vous demande si elle a « un amant... » Est-ce assez ancien régime, ce mot-là ?... Ce que nous avons ri !... »

Comment traduire la mimique dont s'accompagnait ce discours et le respect profond avec lequel la voix se faisait familière pour dire Philippe et Bob, puis le lancer dédaigneux des noms plébéiens : Viollas, Dutacq, et les rappels des intonations du marquis dans certains passages ? J'eus un moment de pure joie à voir mon catoblépas s'imiter lui-même avec cette perfection, et se pavaner devant un écrivain sans blason dans le reflet du blason des autres. Tout cela ne m'expliquait pas encore sa visite ni l'invitation qu'il me lança subitement, lui que je ne connaissais plus guère depuis dix ans que pour lui serrer la main au théâtre ou échanger un coup de chapeau dans la rue.

— « A propos, êtes-vous libre ce soir ? » me demanda-t-il ; et, sur ma réponse affirmative : « Voulez-vous venir dîner avec moi, au cabaret, à huit heures ? Il y aura là Toré, Saveuse, Machault, côté des hommes ; et puis Christine Anroux et Gladys, côté des femmes... »

— « Quelle Gladys ? » interrogeai-je, étonné par ce nom qui me rappelait une des plus adorables jeunes filles que j'aie rencontrées, une Anglaise du pays de Galles avec des yeux bleu de roi, des cheveux couleur d'or et un teint à faire paraître brunes les carnations des Rubens.

— « Quelle Gladys ?... » s'écria Louis, « mais il n'y en a qu'une, notre Gladys, la créole, celle qui a ruiné le petit Bonnivet, celle qui disait si joliment : — « Elle marque mal, ma belle-mère, « la duchesse... » Enfin, Gladys Harvey... Je suis avec elle depuis cette année (ici, nouveau jeu de paupières). Je l'ai soufflée à Jose *** (ici, un des beaux noms d'Espagne), vous savez, le Jose qui avait organisé les courses de taureaux à l'Hippodrome, et puis cet infect ministère a refusé l'autorisation. Il disait toujours : — « Ce n'est

« pas du chien qu'elle a, cette Gladys, c'est une
« meute... » Il vous faut sortir, mon cher, voir
un peu la vie (cette fois, le catoblépas acheva de
me fasciner en me protégeant). Ah! ce que j'en
aurais de sujets de romans à vous proposer!...
Vous acceptez?... »

Et j'acceptai, pour le déplorer d'ailleurs, avec
la logique étonnante qui caractérise les écrivains,
tandis que je m'acheminais vers le lieu de notre
rendez-vous, un restaurant près du cirque, deux
heures plus tard. « J'ai été vraiment trop bête, »
me disais-je, « de me mettre en habit dans cette
saison!... Je ne suis pas un gentleman accompli, moi, comme Figon, qui prétend que l'habit
le repose... »

Je traversais l'esplanade des Invalides, remuant
ces pensées, me renfonçant de mon mieux dans
tous mes préjugés de mauvaise humeur bohémienne contre la vie prétendue élégante, — et
distrait néanmoins par les voitures qui filaient si
lestes! C'était un de ces soirs du commencement
de l'été, à Paris, où il flotte dans l'air comme une
vapeur de plaisir. Les Parisiens et les Parisiennes
qui sont demeurés en ville, y sont demeurés
pour s'amuser. Étrangers ou provinciaux, les
hôtes de hasard ne sont pas ici pour un autre

motif. Cela fait, par ces transparents crépuscules du mois de juillet, une population vraiment heureuse. Le feuillage des arbres plutôt fanoché que fané, la brûlante langueur de l'atmosphère, les magnificences des couchers de soleil derrière les grêles tours du Trocadéro ou la masse imposante de l'Arc, une sorte de nonchalance et comme de détente dans l'activité des passants, tout contribue à cette impression d'une ville de plaisir, particulièrement dans ce quartier à demi exotique, avec la prodigalité de ses hôtels privés et le faste tapageur de son architecture. « Ces gens sont tous gais..., » pensai-je en regardant les promeneurs, « essayons de faire comme eux... » Et je m'appliquai à me représenter les convives que j'allais rejoindre dans quelques minutes. Toré d'abord ? Albert Toré, un vieux beau plus blond que nature, très rouge, avec une espèce de sourire de fantôme dessiné mécaniquement sur sa vieille bouche, le plus anglomane de tous les Français. Il a ce ridicule délicieux de se croire irrésistible, parce qu'il a été, quinze ans durant, le *fancy-man* attitré d'une duchesse anglaise. Son culte posthume pour cette grande dame, morte et enterrée depuis des années, se traduit par les familiarités les plus hardies avec les femmes qu'il rencontre aujourd'hui et qui ne sauraient évidemment repousser un homme distingué jadis par lady ***. C'est encore un catoblépas, mais triste. — Saveuse, le baron de Saveuse? Celui-là n'a aucun ridicule. Il est joli garçon, quoique un peu marqué, spirituel et même instruit; mais il faudrait ne pas savoir que son élégance vit d'expédients et que ses amis l'appellent volontiers la Statue du Quémandeur. Combien en aura-t-il coûté à Louis Servin de Figon pour l'avoir à sa table? — Quant à Machault, c'est un géant qui n'a d'autre goût ici-bas que l'escrime, un gladiateur en habit noir et en gilet blanc qui s'entraîne d'assauts en assauts et de salle en salle. Excellent homme d'ailleurs, mais qui ne peut pas causer avec vous cinq minutes sans que le contre de quarte apparaisse. C'est celui que je préfère aux autres et je dînerais avec lui seul sans m'ennuyer, car s'il est un monomane de l'épée, il faut ajouter qu'il est brave comme cette épée elle-même et qu'il ne lui est jamais venu à l'idée de se servir de son talent extraordinaire pour justifier une insolence. S'il est athlète, c'est par plaisir et non par mode. Eh bien! le dîner sera passable avec les hommes, mais les femmes? — Christine Anroux?...

Je la connais trop bien. Avec ses cheveux en bandeaux, ses yeux candides, sa physionomie de fausse vierge, c'est le type de la fille qui se donne des airs de femme du monde et chez laquelle on devine un fond affreux de positivisme bourgeois. Cela sort de chez la procureuse et vous permet à peine de dire un mot leste. A cinquante ans, Christine aura un million et davantage, elle se sera fait épouser classiquement par un honorable nigaud; elle jouera à la châtelaine bienfaisante quelque part en province. Rien de plus banal qu'une pareille créature et rien aussi à quoi les hommes résistent moins. Et Gladys sera comme Christine. Bah! Je m'en irai aussitôt après le dîner... Et je songeais encore : « Mais pourquoi Louis m'a-t-il invité là, à brûle-pourpoint, moi, Claude Larcher, qui n'ai même plus pour moi la vogue de mes deux malheureuses premières pièces et qui besogne dans les journaux, comme un pauvre diable d'ouvrier de lettres? Est-ce qu'une femme titrée lui aurait dit du bien de ma dernière chronique?... »

Je calomniais le pauvre garçon, comme je pus m'en convaincre dès les premiers mots que me dit sa maîtresse, à mon entrée dans le salon du cabaret élégant où se tenaient déjà tous les invités. J'arrivais le dernier. Il donnait, ce petit salon que le chasseur avait désigné, en m'y conduisant, du nom poétique de « salon des roses, » sur une terrasse couverte autour de laquelle frémissaient des feuillages fantastiquement éclairés par en bas. Sous les arbres du jardin du restaurant se tenait un orchestre de tsiganes qui jouaient des airs de leur pays, avec ce mélange de langueur et de frénésie qui fait de cette musique la plus lassante mais aussi la plus énervante de toutes. La lumière des bougies luttait dans la pièce contre le dernier reste de jour qui traînait dans le crépuscule. Les chandeliers et le lustre où brûlaient ces bougies se perdaient dans un enguirlandement de fleurs. D'autres fleurs paraient la table. Elles révélaient le goût de Saveuse dont le regard inquisiteur surveillait involontairement chaque détail. A voir la correction des hommes et la toilette des deux femmes, Christine tout en bleu, Gladys tout en blanc, il était impossible de se croire sur les terres ouvertes du demi-monde. Des perles admirables se tordaient autour de leur cou, elles étaient à demi décolletées, avec un air délicieusement aristocratique, et la beauté jeune dans un décor de raffinement aura toujours pour mes nerfs d'artiste plébéien un attrait si puissant que je cessai du coup de philosopher et de regretter ma complaisance devant l'invitation improvisée du sire de Figon, d'autant plus qu'à peine présenté, Gladys me dit avec un léger accent anglais et du bout de ses dents, qu'elle a charmantes :

— « Votre ami vous a-t-il raconté que je lui demande de me faire dîner avec vous depuis au moins six mois? Et cela a failli manquer. Il ne vous a su à Paris que ce matin, mais il a fallu qu'il allât chez vous aujourd'hui même. Si vous n'aviez pas été libre, j'en aurais eu une vraie peine... »

J'en appelle à de plus sages. Qui n'eût été heureux d'être interpellé ainsi par une créature du plus caressant aspect? Gladys est grande. Ses bras nus, — elle portait sur le droit et tout près de l'épaule un nœud de velours noir, — sont d'un admirable modelé. Sa taille est fine sans être trop mince, son corsage laisse deviner un buste de jeune fille, quoiqu'elle soit toute voisine de sa trentième année; comme à la manière dont sa robe tombe, sans tournure, on reconnaît la femme souple et agile, la joueuse de *tennis* qu'elle est restée, célèbre parmi les paumiers. Ses rivales les plus jalouses lui accordent une élégance accomplie dans l'art de porter la toilette. Ses mains souples et menues révèlent son origine créole. Elles étaient gantées de suède en ce moment, ces petites mains, et remuaient un éventail de plumes sombres d'où s'échappait un vague et doux parfum. Cette origine créole est aussi reconnaissable à toutes sortes de traits d'une grâce très personnelle. La bouche est un peu forte. Les yeux noirs, aussitôt qu'ils s'animent, s'ouvrent un peu trop. « Ils sont fendus en amande, » dit Gladys en riant, « mais c'est dans l'autre sens!... » L'expression de ces yeux, tour à tour étonnés et tristes, futés et romanesques, la palpitation rapide des narines, le frémissement du sourire, donnent à ce visage une mobilité de physionomie qui dénonce la femme de fantaisie et de passion. Il semble qu'il y ait de la courtisane du xviiie siècle dans Gladys, et pas trop de la fille férocement calculatrice de notre âge positiviste et brutal. Ce soir-là, elle portait une robe blanche attachée d'un saphir à la naissance de la gorge. Dans ses cheveux châtains à reflets blonds tremblait un nœud de rubans rouges. En lui parlant, j'avais vu ses joues délicates se roser, l'éventail s'agiter entre ses doigts. J'eus un mouvement de fatuité dont je fus bientôt puni, mais qui me fit prendre place à côté d'elle avec un très vif plaisir, quand Figon donna le signal de nous mettre à table avec la cérémonie qu'il apporte aux moindres fonctions de sa carrière d'élégant. Que c'est étrange de faire une fonction de ce qui devrait être un plaisir, et de s'amuser par métier !

— « Voyons le menu, » disait Machault gaiement, tandis que les chaises achevaient de se ranger, les serviettes de se déplier et que s'établissait l'espèce de silence dont s'accompagne tout début de repas. « J'ai deux assauts dans le bras... » Et il fit saillir les muscles de son biceps sous le mince lasting de son habit d'été. « Ah ! j'ai tiré avec un gaucher de régiment... Ce que j'ai eu de mal !... Cristi ! Je voudrais bien trouver le fleuret qui touche tout seul... » Il rit très haut de sa plaisanterie, puis consultant le menu : « A la bonne heure ! Voilà un dîner qui a du bon sens. » Et il détailla les plats à voix haute. « On pourra manger. Mes compliments, Figon... »

— « Faites-les au maître, » dit Figon en montrant Saveuse.

— « Mon Dieu ! » répondit ce dernier, « c'est si simple ! Il s'agit, dans ces mois-ci, de trouver des animaux dont la chair ne soit pas tourmentée par l'amour... Le bœuf, il ne l'est plus... Le dindonneau, il ne l'est pas encore... C'est la base de ce menu, et pour le reste, il suffit d'un peu d'idée et de venir en causer soi-même avec le chef... »

— « En aurais-tu à me recommander ? » interrompit Christine, « si je me marie, il m'en faudra un... »

— « Bon, » fit Gladys en se penchant vers moi, « elle va vous raconter qu'un prince lui a demandé sa main et qu'elle hésite !... Et de l'autre..., » ajouta-t-elle en me montrant d'un clignement Toré qui, placé à sa droite, grimaçait sataniquement, « le vieux me fait le genou... Il pense à sa duchesse. *You are a very jolly fellow...,* » cria-t-elle à l'anglomane en lui donnant un coup d'éventail, « mais chasse gardée !... »

Puis, après quelques minutes où la conversation s'était faite générale : « Vous connaissez Jacques Molan, m'a raconté Louis ?... » interrogea-t-elle.

— « Je l'ai beaucoup connu autrefois, » repris-je, « il m'a même dédié son premier roman. »

— « Je sais, » fit-elle, « *Cœur brisé !...* Ah ! que j'ai aimé ce livre !... »

Ses yeux devinrent profonds et songeurs. Il y eut un silence entre nous. Je ne serais pas digne du nom d'homme de lettres si je n'avais pas éprouvé, ne fût-ce qu'une seconde, la petite impression de contrariété du Trissotin qui entend louer un Vadius. Quoique nous ne nous voyions plus, Jacques Molan et moi, depuis des années, qu'en passant et sans jamais causer de rien d'intime, j'ai gardé un souvenir de sympathie à cet ancien ami. Je goûte son talent, bien que sa manière douloureuse, toute en raffinements et en complications, ne me satisfasse guère, aujourd'hui que j'ai renoncé à ce que nous appelions ensemble les névroses des adjectifs. Je suis prêt à écrire dix articles pour démontrer que Jacques excelle à entremêler la finesse de l'étude de mœurs faite d'après nature à la sensibilité la plus fine. Oui, je ferais son éloge de tout cœur, et sans rien trahir de mon secret jugement sur les défauts de cette nature. A l'heure présente, Jacques est devenu le plus sec et le plus menteur des hommes. Il ramène cette sensibilité comme les gens chauves ramènent leurs cheveux. Le besoin de l'argent et celui du tapage sont les deux seules passions demeurées sincères chez cet artiste, épuisé de succès comme d'autres le sont de misères et de désastres. Il y a dans toutes les pages sorties de la plume de ce romancier sentimental un fond de cabotinage qui me gâte tous ses effets de style, et une mièvrerie qui répugne à toutes les virilités dont je suis épris maintenant. Le malheur est que cette lucidité sur les défauts de Jacques s'accompagne chez moi d'une espèce de mécontentement qu'il ait tant réussi, — dont j'ai un peu honte. Que ce soit mon excuse pour n'avoir pas accueilli avec plaisir l'enthousiasme de ma jolie voisine. Enfin, puisque j'ai eu le bon goût de me taire !...

Je la regardais rêver maintenant. La musique des tsiganes montait, plus enivrante à mesure que les musiciens s'enivraient eux-mêmes en jouant. La nuit était tout à fait venue et les feuillages des arbres se découpaient sur un ciel noir où perçaient les étoiles. Les convives bavardaient gaiement et Saveuse commençait de raconter que le matin même il avait rencontré, dans les couloirs d'un grand hôtel meublé, une certaine Mme de Forget. Je suis demeuré naïf sur ce point. Je continue à ne pas comprendre la facilité avec laquelle certains viveurs à Paris déshonorent une femme dont ils ont surpris le secret. L'habitude aidant, j'espère m'y faire.

Et Saveuse parlait : « ... Voilà qui est piquant, » me dis-je, « et si j'avais mis la main sur un paquet ?... Elle, une sainte, et qui ne veut pas me recevoir, sous le prétexte que je ne respecte pas les femmes ?... Elle ne m'avait pas vu. Je grimpe l'escalier derrière elle, je la vois disparaître derrière une porte sans même frapper ; je regarde le numéro, je descends et je vais consulter la liste des voyageurs affichée en bas. Aucune mention dudit numéro, bien entendu. Ma curiosité fut si fort piquée que j'attendis là cinq gros quarts d'heure d'horloge, à la porte de l'hôtel. Au bout de ce temps, elle reparaît. Je la salue avec un respect ! Elle me salue avec une dignité !... Mais, dix minutes plus tard, qui voyais-je déboucher par cette porte d'hôtel ?... Devinez... Laurent !... qui a la sottise de rougir comme un collégien et de me raconter, là, tout de suite, sans que je le lui demande, qu'il est venu rendre visite à des parents de province... Et, pour couronner le tout, ce grand niais de Moraines qui me dit au cercle, comme on venait de prononcer le nom de la Forget : — « Savez-vous que cette pauvre jeune femme a « encore passé deux heures aujourd'hui dans un « hôpital ? Elle se tuera à soigner les malades !... »

— « Je les reconnais bien là, vos femmes du monde..., » dit Christine.

— « Et moi, les hommes du monde, » fit Machault en montrant Saveuse avec un air d'entier mépris qui me réconcilia pour toujours avec le brave escrimeur. L'intonation avait été si insolente qu'il y eut un froid. Saveuse sourit comme s'il n'avait rien entendu, et tout à coup Gladys, qui avait été « dans la lune, » comme le lui dit Figon, se tourna vers moi de nouveau et me demanda :

— « Quel homme est-ce au juste que Jacques Molan ? »

— « Bon, » s'écria Christine, « Gladys qui parle littérature !... Larcher, demandez-lui de vous montrer sa jarretière. Elle y fait broder comme devise le titre du dernier roman dont elle s'est toquée... Est-ce vrai, Gladys ?... »

— « Parfaitement vrai, » dit cette dernière en riant. « Vous voyez, » ajouta-t-elle en s'adressant à moi, « que si jamais vous voulez peindre le demi-monde, il ne faudra pas me prendre comme modèle... Je suis une trop mauvaise cocotte... Que voulez-vous ? Voilà à quoi je pense au lieu de chercher des vieillards à plumer ou de petits jeunes gens.... » Et s'adressant à

Christine : — « Qu'a-t-on fait à la Bourse aujourd'hui?... »

Christine haussa les épaules en souriant d'un mauvais sourire.

— « Oui, quel homme est-ce que Jacques Molan? » insista Gladys.

— « Demandez-moi plutôt quel homme c'était, » répondis-je. « Depuis deux ans je ne l'ai pas vu cinq fois... »

— « On change si peu, » fit-elle avec un gentil hochement de sa tête. « Regardez Toré. »

Le vieux maniaque entendit son nom et cligna de l'œil. Le fait est qu'en ce moment, la lumière jouait sur sa teinture blonde et que l'espèce d'éclat flave de ses cheveux rendait irrésistiblement comiques les laideurs de son masque vieilli. Tout luisait en lui d'un éclat grotesque : son teint allumé par les libations auxquelles il se livrait sans rien faire que prononcer un monosyllabe de temps à autre, sa lèvre mouillée, le plastron de sa chemise et le revers de satin de son habit. La conversation avait repris son cours. Saveuse racontait une nouvelle histoire en surveillant du regard Machault qui s'entonnait du champagne, et, par moments, riait très haut. Figon baissait et relevait ses paupières, suivant l'occurrence, avec le sérieux qui le rend si comique. Christine écoutait Saveuse et piquait de-ci de-là une interruption. Moi, tout en débitant sur mon ancien camarade de bohème des phrases d'article, j'admirais comme Gladys me posait par instants des questions qui témoignaient d'une lecture assidue des romans de Jacques : *Cœur brisé, Anciennes Amours, Blanche comme un lys, Martyre intime*. Elle savait par cœur ces œuvres aussi maniérées que leur titre. Cette fois, mon envie n'eut pas de bornes. Évidemment cette fille était devenue amoureuse folle de l'écrivain à travers ses livres, et elle ne m'avait fait inviter par Figon que pour me demander sans doute de lui ménager un rendez-vous avec l'objet de son culte. Je n'en doutai plus lorsque au dessert elle posa sa serviette devant elle et dit :

— « Ah! que j'ai chaud!... Monsieur Larcher, voulez-vous me tenir compagnie un petit quart d'heure sur la terrasse?... Ah! » fit-elle, quand nous fûmes accoudés sur la balustrade parmi les feuillages, et tandis que le rire de nos compagnons abandonnés nous arrivait à travers les fenêtres, « quelle vie! Et qu'ils sont bêtes!... J'ai un de mes petits amis qui m'appelle toujours : Sa pauvre Beauté... Beauté, je ne dis pas, mais pauvre, ah ! que c'est vrai ! »

Elle prit une rose qu'elle avait piquée à son corsage au commencement du dîner et se mit à en mordre les pétales avec colère, en fronçant le sourcil. Au-dessous de nous, les tables, dont nous apercevions les blanches nappes à travers la verdure, retentissaient d'un bruit de fourchettes et de couteaux. Les tsiganes continuaient de jouer, et Gladys, après avoir jeté la rose défeuillée à terre, reprit en s'éventant doucement :

— « Je vous ai dit que j'étais une si mauvaise cocotte et voilà que je vous parle comme au premier acte de la *Dame !*... Est-ce assez peu dans la note, une femme habillée par Laferrière, dont les journaux parlent en l'appelant la belle Gladys, qui va au Bois avec des chevaux à elle, à qui l'on vient de payer ses dernières dettes et qui se plaint..? Et tout cela parce que j'ai pensé à mon histoire avec Jacques Molan... Ne me regardez pas en ayant l'air de me dire : Mais alors pourquoi me demandiez-vous quel homme c'est...? Toute cette histoire s'est passée là..., » elle se toucha le front avec la pointe de son éventail, « et là, » et elle mit ce même éventail contre son cœur !... « Je ne l'ai jamais vu, je ne lui ai jamais parlé, je ne lui ai jamais écrit... et pourtant c'est tout un petit roman... Voulez-vous que je vous le conte?... » demanda-t-elle en me coulant un regard de côté. Il était un peu trop visible que tout dans cette partie fine avait été organisé en vue de ce mot-là, depuis l'invitation de Figon jusqu'à l'appel sur la terrasse. Mais ce qui me fit lui pardonner la ruse de cette petite mise en scène, c'est qu'elle en avait un peu honte et aussi qu'elle me l'avoua ingénument.

— « Oui, » dit-elle comme répondant à ma pensée, « quand j'ai désiré vous voir, c'était un peu pour cela, mais si je vous avais trouvé moqueur, vous n'auriez rien su... Que voulez-vous? Je sens que vous êtes bon et que nous serons amis... »

J'étouffai un soupir sous prétexte de lancer une bouffée du cigare que je fumais. Ce n'était pas tout à fait le rôle auquel je m'étais préparé que celui de confident. Mais le naturel de cette fille, l'espèce de poésie qui se dégageait d'elle dans ce milieu si contraire à toute poésie, l'originalité de cette confession sentimentale dans ce décor, avec ces viveurs à côté, cette nuit douce, le bruit des dîners et des voitures mêlé à la musique des tsiganes, tout contribuait à me rendre aimables ces quelques minutes, et ce fut de bonne foi que je pris la petite main de Gladys et que je la lui serrai en lui disant :

— « Moi aussi, je crois que nous serons amis... Dites votre roman et n'ayez pas peur. Je ne me suis jamais moqué que de moi-même... »

— « J'avais vingt ans..., » commença Gladys après s'être recueillie. Je redoutai ce début, comme celui d'un récit appris par cœur; mais non. Tout de suite, je vis que ses souvenirs affluaient en foule et la troublaient. Elle les avait devant elle et non plus moi, et elle continuait : « J'avais vingt ans, il y a des jours et des jours de cela... Ne me faites pas de compliments, beaucoup de jours. Comptez onze fois trois cent soixante-cinq... Je vivais à Paris et j'étais sage, très sage... J'habitais avec ma sœur aînée Mabel. C'est depuis qu'elle est morte que je suis devenue ce que je suis... Comment nous étions venues à Paris, toutes deux seules, malheureuses petites créoles, presque de petites négresses blanches, ça, c'est un autre roman, celui de ma vie... Mon père était un ingénieur anglais qui avait fini par aller chercher fortune au Chili; là, il avait rencontré ma mère, une octavonne... Vous voyez qu'il n'y a pas beaucoup de sang noir sous ces ongles, » et elle les fit briller à la lumière de mon cigare comme des chatons de bague, « mais il y en a tout de même. — Après des hauts et des bas, nous avions tout perdu. Nos parents étaient morts et nous étions ici pour recouvrer une créance sur le Gouvernement français... Mon père avait travaillé pour vous aussi. Pauvre père ! A-t-il eu du mal dans sa vie et pour que sa fille préférée fût la Gladys qui vous raconte toute cette histoire !... Enfin, nous vivions comme je vous ai dit, Mabel et moi, et nous n'avions pas un sou, pas ça, » insista-t-elle en faisant craquer son ongle contre une de ses dents dont la nacre brilla entre ses lèvres fraîches. « Toutes nos misérables ressources avaient été mangées. La créance? Chimère, et nous vivions... Comment?... Aujourd'hui que je dépense soixante mille francs par an, rien que pour ces chiffons..., » et elle battit ses jupes souples de sa main et avança son pied, « je me demande comment nous ne sommes pas mortes de faim, de froid, de dénûment. Pensez donc, Mabel avait trouvé une place d'aide à la vente dans un bureau de tabac, sur les boulevards. Elle n'avait pas voulu que je l'acceptasse. — « Non, tu es trop jolie, » m'avait-elle dit, et je tenais le ménage. Ne le dites pas à Figon, » ajouta-t-elle en riant, « il me diminuerait s'il savait que ces mains, » et elle les montra encore, « ont fait la cuisine chez nous pendant deux ans... Nous occupions trois petites chambres dans une impasse derrière Saint-Philippe-du-Roule. Et je travaillais aussi, à quoi? A ces petits ouvrages de femmes que l'on peut faire sans avoir appris de métier : j'ai brodé, j'ai bâti des robes de poupée, j'ai assorti des perles, j'ai donné quelques leçons d'anglais, et aussi fait des traductions de romans, moi, Gladys Harvey!... » Elle prononça ces mots comme Louis XIV disait : Moi, le Roi!... « Et à travers tout cela, j'avais le temps de me parer. Je n'ai jamais été aussi jolie qu'alors, avec une certaine robe que j'avais coupée et cousue moi-même; je la vois encore, toute bleue, et qui fut perdue en une fois, parce que je l'avais mise pour sortir, par une après-midi de dimanche, au printemps. La pluie nous prit en plein bois de Boulogne et nous n'avions pas sur nous, Mabel et moi, de quoi seulement entrer à l'abri dans un des cafés qui se trouvent de ce côté-là. Quand je passe dans mon coupé le long de cette allée, et que je me souviens de mon désespoir, croyez-vous que je regrette cette bonne misère et nos dîners en tête-à-tête, ces dimanches? Une semaine sur deux, Mabel avait un jour de congé, et c'était alors, dans notre petite salle à manger, une fête à ravir nos bons anges : — deux chaises de paille, une table de bois blanc que nous couvrions d'une serviette, et nous restions des heures à causer longuement, doucement, à nous sentir si près l'une de l'autre, dans cette grande ville dont nous entendions la rumeur qui nous rappelait le bruit de la mer, là-bas, — pouvions-nous dire dans notre pays, puisqu'il ne nous y restait plus rien, rien que de si tristes souvenirs?

« Oui, c'étaient de bonnes heures, mais trop rares. J'étais trop seule. C'est ce qui m'a perdue, et puis, voyez-vous, avec mes airs de me moquer de tout, que je prends si souvent, il n'y a pas plus rêveuse que moi, — ou plus gobeuse, un mot que vous n'aimerez peut-être pas, mais il est si vrai ! J'ai toujours eu un coin vert dans le cœur, et dans ce coin vert une marguerite, que j'ai passé des heures à effeuiller, vous savez, comme les petites filles : il m'aime un peu, passionnément, pas du tout... Hé bien ! Jacques Molan a été ma première marguerite... Voici comment. Je vous ai dit que je faisais quelques traductions de romans anglais. Cette besogne m'avait mise en rapport avec un cabinet de lecture de la rue du Faubourg-Saint-Honoré où j'ai bien pris trois cents volumes de la collection Tauchnitz. En ai-je dévoré de ces récits où l'on boit des tasses de thé à chaque chapitre, où il y a un vieux gentleman qui prononce la même plaisanterie avec le même tic dans sa physionomie, où la jeune fille et le jeune homme se marient à la fin, après s'être aimés gentiment, convenablement, durant trois tomes! Et je dégustais cela comme les rôties que je me beurrais moi-même, à l'imitation des héroïnes, pour mon déjeuner. Jugez maintenant de l'effet que dut produire sur une pauvre petite Anglaise sentimentale, qui n'avait jamais ouvert un livre français, la lecture de ce *Cœur brisé* dont nous parlions tout à l'heure. Pourquoi je demandai ce roman-là plutôt qu'un autre? A cause du titre peut-être, et puis je suis fataliste, voyez-vous. Il était dit que ce serait là ma première folie. Car c'en fut bien une, que cette lecture. Je la commençai à deux heures de l'après-midi, en rentrant de mes courses. A la nuit, j'étais encore là, ayant oublié de me préparer à dîner, et le ménage à finir, et que j'étais la sœur de Mabel, la fille du malheureux Harvey, l'inventeur, et tout le reste. J'étais devenue les personnages de ce livre. Vous vous souvenez de la lettre que la femme abandonnée écrit avant de mourir :... *Ma beauté, elle s'est fanée à te pleurer sans que tu aies eu pitié ni d'elle ni de moi, mon doux bourreau ?*... Ai-je assez lu et relu cette lettre en fondant en larmes! Aujourd'hui que j'ai vécu et que je comprends ce qui s'est passé en moi à cette époque, je ne peux pas mieux expliquer mon bouleversement d'alors qu'en vous disant que j'ai eu le coup de foudre pour ce livre, comme j'ai vu d'autres femmes l'avoir pour un son de voix, pour un regard... Vous souriez?... Ah! vous autres écrivains, si vaniteux que vous soyez, vous ne le serez jamais assez! Si vous saviez ce qu'un de vos livres peut devenir pour une enfant de vingt ans qui n'a rien vu et qui vous aime à travers vos phrases? Oui, qui vous aime... Mais comment y croiriez-vous? Il y a tant de curieuses ou de menteuses qui vous jouent la comédie de ces sentiments-là, pour avoir un autographe ou pour raconter qu'elles vous connaissent... »

— « Pauvres nous ! » interrompis-je, « mais la

femme qui entre en relations épistolaires avec un auteur, il n'y en a qu'une, jamais qu'une!... Votre Jacques et moi, nous étions très fiers à une certaine époque d'une inconnue avec qui nous entretenions une correspondance suivie... Quelle tuile quand nous nous sommes montré nos lettres et que nous avons constaté que c'était la même écriture et la même personne!... »

— « Voilà pourquoi, » reprit Gladys, « je n'écrivis pas à Jacques. J'avais un pressentiment de cela. Je n'ai qu'une vanité, c'est d'être très femme, avec un peu de ce doigté du cœur qui nous fait accuser de ruse quand nous ne sommes que fines... Mais je le lus et je le relus, comme je vous dis, ce roman, et, à chaque lecture, mon intérêt pour l'auteur de cet adorable livre grandissait jusqu'à devenir une véritable obsession. Comme il devait avoir l'âme délicate pour peindre ainsi la souffrance! L'histoire racontée dans ce livre était-elle la sienne? Était-ce lui, le doux bourreau que la victime bénissait en mourant de son abandon? Avait-il été aimé ainsi, jusqu'à la mort, et puis un repentir dernier l'avait-il conduit à suspendre ce roman à la croix d'une morte, comme une couronne de roses à demi fanées?... Ou bien des confidences reçues, une correspondance trouvée, un journal intime lui avaient-ils permis de découvrir le secret martyre dont il s'était fait le poète? Car d'admettre que ce fût là une œuvre d'imagination, je ne le voulais pas, et je me figurais mon romancier à l'image de mes désirs. Il devait être jeune, pâle, avec des yeux bleus et quelque chose d'un peu souffrant... Vous riez, maintenant. Que vous auriez ri davantage si vous m'aviez vue debout à la devanture d'un marchand de photographies dans la rue de Rivoli, le jour où j'y vis son portrait. Je dus y retourner trois fois avant d'oser entrer dans la boutique pour l'acheter, ce portrait, qui ressemblait, par bonheur, à l'idée que je m'en étais faite d'avance, assez du moins pour que mon enchantement d'imagination ne fût pas brisé. A la même époque, on publia une biographie de lui avec une charge. J'aurais battu celui qui avait déformé ce visage dont j'étais devenue aussi amoureuse que du livre. Que voulez-vous? C'est le sang nègre, il y a de l'esclave en moi, et, quand j'ai aimé, j'ai toujours sorti tout mon noir... Je l'ai quelquefois plus mal placé que cette fois-là.

« En lisant cette biographie, un projet fantastique s'ébaucha dans ma tête. Je vous ai dit que j'étais trop seule. Je causais trop avec moi-même, et je ne me suis jamais donné que des conseils bien fous. La brochure racontait que mon grand homme habitait une partie de l'année à Vélizy, un hameau près de Chaville, et qu'il avait là justement la petite maison décrite dans *Cœur brisé*. J'appris aussi par cette brochure qu'il n'était pas marié. S'il l'avait été, je n'aurais plus pensé à lui, je vous jure. J'étais tellement innocente, comme dit la chanson, que je ne comprenais presque rien, toujours comme dans la chanson, sinon que jamais Jacques Molan n'aimerait une pauvre fille, comme moi, dans son sixième étage et avec ses malheureuses toilettes de quatre sous. Ah! si j'étais une de ces dames comme il en décrivait dans son livre? Et voilà comment j'en arrivai à concevoir ma grande idée : économiser, centime par centime, franc par franc, de quoi m'habiller aussi joliment que les élégantes que j'allais quelquefois voir passer aux Champs-Élysées dans leurs voitures, et ensuite me présenter à Jacques Molan, sous un faux nom, comme une jeune femme qui vient lui demander conseil... Où me mènerait cette équipée? Je n'en savais rien. Je ne me le demandais pas. J'effeuillais la marguerite, voilà tout.

Il m'aimera un peu, passionnément, pas du tout... Et je restais toujours sur le pétale : il m'aimera, sans rien savoir, sinon que ce mot associé à l'idée de cet homme pourtant inconnu, me représentait quelque chose d'infiniment doux, de si pur, de si tendre. Je le verrais une fois, puis une autre, une autre encore. Je me dirais mariée, pour qu'il ne cherchât point à connaître mon vrai nom. Étais-je assez la petite Anglaise du roman que je traduisais ! Pourtant, je lui avouerais mon prénom. J'étais naïvement fière de sa rareté, comme de mes cheveux qui me tombaient alors jusqu'ici, » et elle étendit son bras dans toute sa longueur. « Enfin, ce fut un roman à propos d'un roman, dont je ne soufflais pas un mot à la sage Mabel, comme vous pouvez croire, et que je menai à bien, de quelle manière ? Par quels prodiges d'économie ? Par quelles ruses pour cacher les divers objets de parure que je dus me procurer un par un, depuis les petits souliers vernis et les bas de soie noire jusqu'au chapeau, sans parler de la robe ? Il me fallut dix mois, vous entendez, dix mois, pour amasser mon magot et pour me déguiser ainsi en dame, dix mois, durant lesquels j'ai multiplié les heures de travail, découvert des besognes nouvelles, pris sur mon sommeil pour mettre les traductions doubles, enfin, une de ces folies de jeune fille dont on s'étonne ensuite d'avoir été capable. On se dit : — Ai-je été bête! — tout haut; et tout bas : — Quel dommage!... »

Ce fut si bien lancé, sur un si joli accent d'ironie tendre, que je regardai cette étrange fille avec une espèce d'admiration sur laquelle elle ne se trompa guère. Elle n'aurait pas été femme si elle n'avait pas pris un temps pour jouir du petit effet qu'elle me produisait. Puis, écartant un peu ses paupières, soulevant ses sourcils et plissant son front avec une expression triste, comme découragée :

— « Ce fut par une adorable après-midi de juin que je me mis en campagne, » reprit-elle; « j'avais attendu deux semaines, une fois le détail de ma parure tout entier organisé, par superstition. Je voulus voir un présage de réussite à mon projet, dans le bleu du ciel, le vert des arbres et le clair du soleil de ce jour-là... Me voyez-vous, descendant du train à Chaville, et m'engageant sous les branches, le long des étangs, après avoir demandé ma route à un enfant qui passait? Il y avait des oiseaux qui chantaient tout le long du chemin, des fleurs dans les herbes, et je rencontrai deux couples d'amoureux qui erraient dans l'ombre des jeunes arbres. Je ne savais rien, ni si Jacques était dans sa maison de Vélizy, ni même où était cette maison, ni s'il y vivait seul, mais je savais bien que j'étais très jolie avec ma robe grise, mon chapeau clair, mes petits souliers, et que je lui plairais, — si je le rencontrais, — et je ne doutais pas de cette rencontre. Vous allez dire que je suis vraiment par trop négresse avec mon teint pâle. A cette époque-là, je croyais à ma chance... Ma chance !... Oui, j'y croyais comme à mes vingt ans, comme à mon désir, comme à tant de chimères... Quand j'étais toute petite, là-bas, en Amérique, nous habitions au bord de l'Océan. Les voiles des bateaux que montaient les pêcheurs du pays étaient teintées de rouge. Chaque matin, je me mettais à la fenêtre, je comptais celles de ces voiles qui étaient en mer et qui faisaient des points lumineux sur le bleu des vagues. A chacune j'attachais une espérance. Celle-ci me représentait un cadeau que j'aurais dans la journée, cette autre une promenade où l'on me conduirait... Aujourd'hui, je n'ai pas plus de points lumineux à mon horizon qu'il n'y a de voiles teintées de rouge sur ce ciel. Ils sont tous éteints. Mais par la belle après-midi d'été où je traversais le bois de Chaville, celui qui dansait devant mes yeux était si rayonnant! Et en même temps que j'espérais, j'avais si peur! Une timidité si folle, aussi folle que ma démarche, faisait trembler mes jambes sous moi. Je n'étais pas sûre, une fois arrivée, de retrouver une seule des phrases que j'avais préparées pour les réciter à mon grand homme. Et j'allai pourtant, jusqu'à la minute où j'aperçus au bout d'une allée le petit clocher d'une église, des toits couverts de tuiles... C'était Vélizy. Un passant m'indiqua la maison de M. Jacques Molan. J'étais arrivée.

« Je ne sais pas si je vivrai bien vieille, et je ne le souhaite pas. Gladys Harvey ouvreuse dans un théâtre, où Gladys Harvey avec de petites rentes parmi des chats, des chiens, et dans un peignoir de flanelle, ou Gladys Harvey jouant à la dévote en province, aucune de ces perspectives ne m'attire. Nous devons mourir jeunes, nous autres. Je trouve que ça fait partie de la profession, comme de savoir porter la toilette et plaisanter avec du chagrin plein le cœur. Mais à quelque âge que je m'en aille, et même si je devais être aussi décrépite un jour que les vieilles des Petits-Ménages, je suis sûre que je n'oublierai jamais cette villa ensevelie à demi sous le lierre, la ligne des rosiers dans le jardinet qui la précédait, et moi à la porte, regardant à travers la grille et n'osant pas sonner, dans ma belle robe où je me trouvais à la fois jolie et gauche, coquette et maladroite. C'étaient ces rosiers dont il était parlé dans la fameuse lettre de mon cher roman... Vous vous souvenez : *Elles et moi, mes roses et ma grâce, nous fanerons-nous, mon amour, sans que tu nous aies respirées ?* Et puis, quand elle dit : *J'y suis revenue, dans notre maison, où je meurs du mal de regret... Mais je l'aime, ce mal. Car c'est le regret qui donne une forme au bonheur...* Ces phrases de l'héroïne de *Cœur brisé* chantaient dans ma tête comme j'étais là, respirant à peine et folle d'émotion... Qu'allait-il arriver de mon beau songe ? Que me dirait celui à qui je venais apporter une si naïve, une si tendre admiration ? Enfin, j'eus la force de tirer la chaîne de la cloche, et un jardinier parut presque aussitôt, coiffé d'un grand chapeau de paille... — « M. Jacques « Molan ? — Il est à Paris, et M. Alfred aussi, » me répond l'homme... Quel Alfred ? Sans doute un ami. J'insiste : — « Et croyez-vous qu'il

« rentre cette après-midi?... — Je n'en sais « rien, fait le jardinier, mais je vais demander à « Madame... » — Et sur la porte de cette maison que je venais de contempler comme un sanctuaire, j'aperçois une femme assez grande, assez jolie, en cheveux blonds noués à la diable sur le derrière de la tête, en matinée blanche, et un arrosoir à la main. Le jardinier lui parle. Elle me dévisage. Je n'entends pas ses paroles. Que m'importe? Et que m'importe que l'homme vienne me dire que M. Molan sera là vers les cinq heures?... Avais-je été sotte! Il vivait avec une maîtresse, tout simplement, et c'était la seule chose à laquelle je n'eusse pas pensé. Mon Dieu! que j'ai pleuré dans le train, en m'en retournant!... J'en ai gâté ma robe. Elle était si fragile! Un déjeuner de soleil, comme mon beau roman!... »

— « Et vous n'avez pas écrit à Jacques, vous n'avez pas cherché à le revoir? »

— « Jamais, » fit-elle, « et par ce côté superstitieux que je vous ai dit... C'était joué et perdu! Et puis, à quoi bon lui écrire, puisqu'il n'était pas libre? Ah! cette femme que j'avais aperçue une minute, avec sa bouche canaille et ses yeux effrontés, non, ce n'était pas la compagne que j'avais rêvée au poète de *Cœur brisé*. Mais puisqu'il vivait avec elle, il l'aimait. Comment l'eussé-je cru capable de vivre avec une femme sans amour? Et cet amour nous séparait plus que la distance, plus que nos conditions sociales, plus que sa gloire et ma pauvreté... Je n'eus pas beaucoup de temps, d'ailleurs, à donner aux tristesses de mon roman avorté. Ma sœur tomba gravement malade. Elle mourut. Je rencontrai quelqu'un qu'il eût mieux valu pour moi ne jamais connaître. Mon sort changea, je pris un amant et je devins ce que vous savez... Ne croyez pas qu'à travers les aventures de mon existence j'aie oublié cet étrange premier amour qui ne ressemblait à rien de ce que j'ai senti depuis. Je continuai de lire tout ce que Jacques écrivait. J'avais des amis qui le connaissaient, qui parlaient de lui devant moi, qui en disaient du bien, du mal. Moi, je me taisais. Je ne disais même pas mon impression de ses nouveaux livres. Pour lui et pour ses œuvres, j'ai toujours eu ce sentiment de pudeur qui fait qu'on évite de prononcer le nom de la personne que l'on aime trop, devant quelqu'un à qui l'on ne saurait faire comprendre pourquoi on l'aime. D'ailleurs, que pouvait-il résulter d'une rencontre entre un homme tel que lui et la femme que j'étais devenue? Je suis un peu artiste en toutes choses, et en souvenirs comme dans le reste. Je ne voulais pas gâcher mon pauvre ancien rêve en le transformant en une vulgaire intrigue de galanterie. Non, je n'ai jamais rencontré Jacques, et si j'ai un désir au monde, c'est de ne le rencontrer jamais!... »

Elle avait prononcé ces derniers mots avec une émotion si évidente que je demeurai sans lui répondre. Tandis que nous causions, les tables du jardin s'étaient peu à peu dégarnies de leurs convives, la musique des tsiganes avait cessé de jouer, et sans doute nos amis commençaient à trouver que la gaieté de Gladys manquait à l'entrain du dîner, car Figon parut à la porte de la terrasse avec ce sourire à demi contraint du jaloux qui ne veut point avouer sa jalousie: « On peut entrer?... » fit-il en frappant contre la vitre.

— « Je viens tout de suite, » dit Gladys, « cinq minutes encore..... Vous entendez, » ajouta-t-elle en s'éventant d'une façon nerveuse; et tandis que des bravos accueillaient la nouvelle rapportée par Figon que nous allions reparaître,

« il faut que j'aille faire mon métier... Mais j'ai un grand service à vous demander... »

— « Si c'est possible, c'est fait, » dis-je en parodiant le mot célèbre : « si c'est impossible... »

— « Ne plaisantez pas, » interrompit-elle vivement, « vous me feriez regretter d'avoir parlé... Pardon, » et elle me regardait avec une espèce de soumission câline, « mais cela me tient au cœur un peu plus qu'il ne faudrait... Je vous ai dit que j'avais eu la coquetterie de mon sentiment pour Jacques. Je ne voudrais pas que ce sentiment fût tout à fait perdu. Votre ami a des moments bien tristes, des heures toutes noires, je l'ai trop vu dans ses livres. Il ne croit guère aux femmes. Il a dû en rencontrer une très mauvaise... Eh bien ! je voudrais qu'un jour, mais un jour où il n'aura pas envie de rire, vous lui racontiez qu'il a été aimé sans le savoir, et comment, et que celle qui l'a aimé ne le lui dira jamais elle-même, parce qu'elle est une pauvre Gladys Harvey... Seulement, vous me jurez de ne pas me nommer?... »

— « Je vous en donne ma parole, » lui dis-je.

— « Ah ! que vous êtes bon, » fit-elle, et,

par un geste d'une grâce infinie, où reparaissait sans doute ce sang noir qui coulait dans ses veines, elle me prit la main, et, sans que j'eusse pu me dérober à cette caresse qu'heureusement personne ne vit, elle me la baisa, mais déjà elle s'était échappée de la terrasse pour rentrer dans la salle du restaurant, où Machault, plus excité que d'habitude par la boisson, se tenait debout, son habit ôté, sa puissante musculature visible sous la toile de sa chemise, et il criait à Christine Anroux en lui montrant une chaise :

— « Allons, assieds-toi là et n'aie pas peur... Cinquante louis, que je la porte deux fois de suite à bras tendu. Qui tient le pari?... »

— « Jamais, jamais, » criait Christine en mettant la table entre elle et l'athlète; « il a bu deux bouteilles de champagne à lui tout seul et je ne sais combien de verres de fine... Je tiens à ma figure, moi... C'est mon gagne-pain... »

— « Brandy?... Whisky?... » me demanda l'anglomane Toré qui me tendit les deux flacons. Il était resté seul à table, tandis que Saveuse et Figon assistaient debout et en riant à la discussion entre Christine et Machault.

— « Moi, je n'ai pas peur, » s'écria Gladys, « laisse-moi la place, Christine. »

Elle s'assit sur la chaise auprès de l'hercule qui, s'arc-boutant sur ses jambes, très rouge, empoigna un des barreaux.

— « Vous y êtes ?... » demanda-t-il.

— « *All right...*, » fit Gladys.

— « Une, deux, » dit le géant, « trois, » et il tenait la chaise droite devant lui, avec la jeune femme dessus qui, toute gaie, nous envoyait des baisers comme une écuyère de cirque, et, quand il l'eut remise à terre parmi les bravos, elle me dit, à mi-voix, avec un sourire triste :

— « Vous voyez bien qu'il ne faut pas me nommer à Jacques... »

Pauvre Beauté !... — comme elle m'avait dit que l'appelait un de ses amoureux, — quand je rentrai chez moi, passablement troublé par le brandy et le whisky chers à Toré, j'essayai en vain de me persuader qu'elle m'avait, pour parler comme Christine Anroux, « fait monter à l'arbre, » — un arbre en fleur, mais un joli arbre de mensonge tout de même et de mystification. Si c'était une comédie, elle l'avait jouée divinement, avec un tel accent de sincérité ! Mais son charme de naturel, la visible spontanéité de ses gestes, son regard et son sourire, tout me confirmait dans cette idée que, pour une fois, il fallait admettre comme vraie une confidence de femme, — moi qui ai passé ma vie à me défier de celles que j'aurais le plus passionnément désiré croire. Pour tout dire, je trouvai un charme d'ironie à ne pas trop mettre en doute le récit de Gladys. Il y a pour un misanthrope une volupté particulière à découvrir la fleur du sentiment le plus délicat chez une créature, et cette volupté est justement l'inverse de la joie que nous procure la rencontre d'une vilenie chez une de ces femmes au fier profil, aux attitudes idéales, aux discours supérieurement méprisants, comme il en foisonne dans le monde. Cependant je doutai de cette histoire davantage à mesure que je m'éloignai du coin où elle m'avait été débitée. Ce fut moins la promesse faite à la maîtresse de Figon que ce doute même qui me poussa, lorsque je rencontrai Jacques Molan, six ou sept mois après le dîner des Champs-Élysées, à lui raconter le discret et romanesque amour dont il avait été l'objet. Je voulais savoir si Gladys ne lui avait pas fait faire la même commission par d'autres, si elle ne lui avait pas écrit, que sais-je ?

— « Voilà qui est singulier, » me dit Jacques,

« je me rappelle parfaitement... A Vélizy, vers 1876, 77... Je me trouvais là avec Pacaut et sa maîtresse, Sidonie, la blonde, tu ne l'as pas connue ? Elle et mon domestique m'ont parlé d'une femme très élégante qui était venue me demander, une après-midi que j'étais sorti. Et c'était celle-là !... J'espère que tu vas me donner son nom et son adresse, » ajouta-t-il en riant, « j'y vais de ce pas... »

— « J'ai donné ma parole de ne pas te la nommer, » répondis-je en secouant la tête. Ce que Jacques venait de me dire, en m'attestant la véracité de Gladys, au moins sur un point, achevait de rendre cette fille si intéressante à mes yeux que je me serais considéré comme le dernier des hommes si j'avais trahi sa confiance.

— « Tu ne veux pas parler ?... » insista-t-il. « Et tu t'imagines que c'est pour autre chose que pour m'avoir chez elle qu'elle t'a conté ce joli roman ? Allons, quand Goncourt aura fondé son académie, je te ferai donner le *grand prix Gobeur*, s'il y en a un... »

Ce mauvais jeu de mots fut tout ce que lui inspira cette douce et triste aventure dont je m'étais fait l'interprète, puis il se mit tout de

suite à me détailler sa dernière bonne fortune avec une femme titrée et riche. — Pauvre Beauté! me disais-je en pensant à Gladys. — Pauvre dupe! aurais-je dû dire sans doute en pensant à moi...
— Mais quoi? m'eût-elle encore joué la comédie, je dirais tout de même : Pauvre Beauté!

Paris, février 1888.

II

Madame Bressuire

A EDMOND TAIGNY.

MADAME BRESSUIRE

FRAGMEMTS DU JOURNAL DE FRANÇOIS VERNANTES

ALFRED DE MUSSET a écrit des strophes qui sont célèbres sur la rapidité avec laquelle tout s'oublie à Paris. J'ai une fois de plus éprouvé la justesse cruelle des vers du poète, en assistant, cet été, moi quinzième, au service du bout de l'an d'un homme que j'avais beaucoup aimé, François Vernantes. Mais un sage n'a-t-il pas dit : « Les plus mortes morts sont les meilleures? » J'avais, moi, une raison particulière pour ne pas oublier Vernantes. Il m'a légué, par son testament, tout un carton de ses papiers. J'y ai trouvé des projets de roman mal ébauchés, un millier de vers médiocres, des notes de voyage sans grande valeur et quelques curieux fragments d'un journal intime. François Vernantes était un de ces personnages incomplets, comme Amiel, dans lesquels des portions de supériorité s'unissent à d'étranges insuffisances. Quand je l'ai connu, quatre années après la guerre, il vivait parfaitement oisif. Il avait environ trente-cinq ans. La révolution du 4 Septembre l'avait surpris au Conseil d'État, où il occupait le rang d'auditeur de première classe. Il avait cru ne pas devoir redemander son poste, après la guerre, pour des raisons de délicatesse, et il passait ses journées à se lamenter sur le vide de son existence. « Écrivez, » lui disais-je, quand je le trouvais par trop mélancolique, sur le divan de sa garçonnière de la rue Murillo. Il répondait : « J'essayerai, » puis il n'essayait pas. De fait, j'ai acquis depuis la conviction que son incapacité d'agir provenait de l'hypertrophie d'une puissance très spéciale : l'imagination de la vie intérieure. Il se voyait vivre et sentir avec une telle acuité que cela lui suffisait. Son action était au dedans de lui, et l'excès de l'analyse personnelle absorbait toute sa sève. Les hasards l'avaient fait tomber du côté où il penchait. Cet homme, maigre et svelte, avec une jolie figure ferme et rêveuse à la fois, d'une si fine netteté de lignes, où deux yeux bleus, d'un bleu tout pâle, s'ouvraient sur un teint brouillé de jaune par la maladie de foie, avait dans toutes ses manières le je ne sais quoi qui révèle une éducation féminine. Il avait perdu son père très jeune, et la mort seule l'avait séparé de sa mère, pas beaucoup de mois avant que je ne le connusse. Peut-être, s'il eût grandi dans une atmosphère moins tiède, et de bonne heure subi les brutalités de la vie, serait-il devenu moins sensitif, moins frémissant, plus capable de vouloir. Peut-être encore sa petite fortune, — vingt mille francs de rente, — fut-elle une cause de paresse. Peut-être enfin a-t-il usé son énergie dans une sorte de libertinage sentimental qui fit de lui, durant ses années de première jeunesse, une manière d'homme à bonnes fortunes. Toujours est-il que ses papiers révèlent un sens de l'observation intime qui fût sans doute devenu du talent avec un peu d'effort. Ses derniers jours s'attristèrent d'une crise aiguë d'hypocondrie attribuable à son état physique et à une déception dont j'ai retrouvé la confidence parmi ses notes. A vrai dire, Vernantes ne tenait pas de son existence un journal suivi. Parfois il demeurait six mois sans écrire, puis il étalait pour lui-même et au hasard de la plume un grand morceau d'âme. C'est ainsi que le récit de la déception dont je parle se distribue en deux longs fragments placés bout à bout, quoique le premier soit daté de Florence, et de mars 1879, tandis que le second a été rédigé à Paris, dans l'hiver de 1881. Il m'a semblé cependant que ces fragments, à eux deux, faisaient bien un tout, quelque chose comme le dessin complet d'une évolution du cœur, et je donne ici ces pages. Elles présenteront quelque intérêt aux lecteurs qu'a préoccupés, ne fût-ce qu'une fois, le problème de l'influence de l'imagination sur la vie et la mort de nos sentiments.

PREMIER FRAGMENT

Florence, mars 1879.

L'étrange machine qu'une âme humaine et que nous sommes peu assurés de la paix intérieure ! A midi, j'aurais juré que je passerais ce soir comme tous mes soirs, depuis ces deux semaines, soit à me promener en voiture ouverte le long de la route des Colli, devant ce paysage florentin dont la ligne se fait si nette sous le clair de lune, — soit dans un fauteuil, au théâtre, à suivre le détail du jeu des acteurs italiens, interprétant une pièce adaptée du Gymnase ou du Vaudeville. Rien de plus significatif pour qui veut saisir les différences des caractères nationaux... La brise a changé, M. Vernantes, et vous voici penché à votre table, dans cette chambre de passage, en train d'écrire sous la clarté d'une lampe d'emprunt, et sur ce journal abandonné depuis des mois. On n'a pas encore inventé de meilleur procédé pour y voir un peu plus clair dans son cœur; — et il fait terriblement obscur dans le mien, à cette minute.

A gros effets, petites causes. Si je n'avais appris dès longtemps à me constater au lieu de me contraindre, que j'aurais honte d'être, à quarante et un ans, ce composé instable, ce mélange changeant qu'un rien suffit à colorer d'une nuance nouvelle ! Il pouvait être quatre heures de relevée. Je sortais de l'Académie, où j'avais regardé pour la vingtième fois *le Jugement dernier*, de Fra Angelico, — le maître qui flatte le plus mon sentiment d'une peinture presque sans formes, — et cette ronde des anges et des jeunes moines sur un tapis de fleurs surnaturelles. J'avais suivi les pavés au hasard de mes pas, considéré le *Saint Georges* d'Or' San Michele, l'*Andromède* de la place de la Seigneurie. Dans tout mon être circulait ce je ne sais quoi de léger, d'impondérable, que procure la vision prolongée de la beauté. Je goûtais jusqu'au délice le plaisir d'avoir dépouillé mon *moi*, — ce *moi* habillé à la moderne, ayant un état civil, un passé, un avenir, — pour m'en aller tout entier dans les images dont mes yeux venaient de se repaître. Je suivais le trottoir de la rue Tornabuoni. Un orage de printemps qui menaçait depuis le matin éclate presque tout d'un coup. Sans parapluie et à dix minutes de mon hôtel, j'entre au cabinet de lecture de Vieusseux pour éviter l'eau, tandis que les marchands de fleurs roulent en hâte leurs petites charrettes, garnies de narcisses, de violettes et de roses, sous les portes cochères. Je comptais demeurer là cinq minutes. La pluie se prolonge. Pour tuer le temps je me laisse choir sur un des divans de la salle de lecture, et je ramasse machinalement un journal français qui traînait enroulé sur sa hampe de bois. Depuis combien de jours, dans mon étrange indifférence pour tout ce qui n'est pas la sensation de l'heure présente, n'avais-je pas fait une semblable lecture ? Et voici qu'entre la mention d'un bal élégant et l'annonce d'un roman nouveau, mon regard tombe sur le compte rendu de l'enterrement du comte Adolphe Bressuire... Trente-sept ans, le petit-fils de l'ancien ministre de l'Empereur, marié depuis quatorze mois, c'est bien celui que j'ai connu. Ève-Rose est veuve ! C'en est assez pour que mon pouls batte la fièvre en ce moment, moi qui croyais si bien l'avoir oubliée. Je fus bouleversé par cette simple idée au point de rechercher la confirmation de la nouvelle dans un second journal, puis dans un troisième, enfantinement. La pluie avait cessé. Je sortis, et, tout en regardant le flot de l'Arno couler, lent et brouillé, cette seconde pensée surgit en moi : « Si cependant elle m'aimait encore ! Si elle m'aimait ?... Et m'a-t-elle jamais aimé ?... Qu'ai-je bien su du cœur de cette inexplicable enfant ?... » Et les troubles anciens ont recommencé, — si intenses que, pour les tromper, j'ai dû recourir au vieux remède, à cet inutile griffonnage sur le memorandum de ma vie morte, puisque c'est seulement la plume à la main que je me soulage du malaise intime. Anomalie singulière et qui fait de moi un demi-écrivain, comme tout a contribué à faire de ma pauvre personne un demi-quelqu'un ou quelque chose : — une moitié de femme, car j'ai les nerfs malades de ma mère ; — une moitié d'homme d'action, car j'ai commencé ma jeunesse dans une carrière politique ; — une moitié d'aristocrate, car, avec mon nom plébéien et ma modeste fortune, j'ai toujours flotté sur le bord de la haute vie ; — voire une moitié d'homme heureux, car, au demeurant, mon lot sentimental n'a pas été trop misérable, et j'ai connu des demi-bonheurs.

— J'ai tellement cru, il y a trois ans, lorsque j'ai commencé d'aimer Ève-Rose, que, pour une fois, je tenais un bonheur entier !

Elle est présente devant moi et vivante, comme un être, l'heure exacte où ce sentiment a pris naissance. Je pourrais, en cherchant un peu, nommer la date et dire le jour, dire surtout la couleur du jour. Je revois la nuance du ciel, — d'un bleu pâle et froid, — qu'il faisait sur la rue de Berry, par cette après-midi de décembre. C'était un lundi, jour de réception de celle que j'avais connue la belle Mme Nieul, — quand nous avions tous deux vingt-cinq ans. Combien de fois avais-je traversé la cour de cet hôtel numéroté 25 *bis*, — combien de fois donné mon pardessus au valet de pied dans l'antichambre et franchi le grand salon pour arriver jusqu'à la maîtresse du logis, qui se tenait d'habitude dans une sorte de vaste salon-serre séparé du premier par une grille en fer forgé tout enguirlandée de feuilles d'or? Le compte est aisé. J'ai connu les Nieul en 1865. J'ai dîné chez eux depuis lors environ quatre fois par saison. Mettons que je leur ai rendu le double de visites. Et puis combien de fois ai-je rencontré Mme Nieul ailleurs? Je la voyais chez les de Jardes, chez les Durand-Bailleul, chez les Schœrbeck, chez les Gourdiège, chez les Le Bugue. Que de soirées, vouées au néant, s'évoquent à ma mémoire rien qu'à écrire les syllabes de ces noms ! Que d'après-midi consacrées, comme cette après-midi de décembre 1876, à l'insipide corvée des visites ! Et sur tout cela, combien de fois avais-je aperçu Ève-Rose Nieul, sans la remarquer autrement que pour la singularité de son nom, qui m'avait paru un comble de prétention ? Si cette jeune fille avait éveillé une émotion en moi, c'avait été celle de la pitié, quoiqu'elle vécût dans une atmosphère d'opulence raffinée. Oui, je l'avais plainte d'être conduite, si jeune, dans le monde, et avec cette outrance que Mme Nieul apportait à se conformer aux rites usuels de la vie élégante. Son veuvage n'avait rien diminué de cette ardeur. Rendre des visites et en recevoir, siéger à des dîners d'apparat chez elle et chez les autres, ne manquer ni un bal, ni une exposition, ni une pièce en vogue, en un mot, être en représentation toujours, c'était encore, il y a quatre ans, l'unique affaire de cette femme à figure de déesse. C'est qu'avec ses grands yeux bruns, si larges et si calmes, avec sa haute taille, avec ses épaules et ses bras magnifiques, avec sa tournure restée si jeune, chaque sortie était une occasion de triomphe pour elle, même aux approches de la quarantaine. Irréprochable d'ailleurs, comment ne l'aurait-elle pas été avec cette splendeur impassible de son visage qui déconcertait le désir? Est-ce qu'on imagine une Junon mettant une voilette sur une autre et se glissant dans un fiacre pour courir à un rendez-vous clandestin? Avec cela, dépensière comme une actrice qu'elle aurait pu être, car elle chantait divinement. Oui, cette femme avait toutes les raisons possibles d'aimer le monde, et elle l'aimait, comme un poète aime les vers, un chimiste son laboratoire et un jockey son cheval. C'était pour elle la forme première et dernière du bonheur, et, bien naïvement, elle avait élevé sa fille selon ses goûts. Toute petite, j'avais vu Ève-Rose danser dans chacun des bals d'enfants sur lesquels j'étais venu jeter un coup d'œil. Je l'avais rencontrée au Bois, ses cheveux blonds épars sous le petit chapeau de feutre et joliment assise sur sa ponette, aussitôt qu'elle avait pu se tenir en selle. Aujourd'hui, avant sa vingtième année, son nom était cité dans les articles des journaux de la haute vie. On commençait d'écrire, dans les comptes rendus de soirée, « la toute charmante Mademoiselle Nieul, » d'une manière courante. Deux peintres à la mode avaient déjà exposé son portrait. Quoi d'étonnant que je n'eusse jamais pensé à elle que pour dire « la pauvre fille ! » Et je l'avais classée, une fois pour toutes, dans le groupe des créatures que je hais le plus, — après les enfants mondains, — je veux parler de ces jeunes personnes dont l'âme s'est fanée au feu desséchant des conversations de salon avant d'être éclose, de ces vierges de fait qui ont deviné tous les compromis de conscience, avec une figure d'ange, — de ces froides calculatrices au sourire ingénu qui se marient pour avoir deux chevaux de plus dans leur écurie que l'amie mariée de la veille... En vieillissant, je deviens terriblement jeune, moi-même, et d'une naïveté de chérubin romantique. Me voici loin de mon entrée dans le salon de la rue de Berry. Qu'allais-je y faire, puisque ni Ève-Rose ni sa mère n'étaient selon mon cœur, et quelle sotte manie de ne pas vivre à sa guise quand on a l'indépendance de la fortune et qu'on souffre cruellement du caractère d'autrui ?

Oui, mais pour vivre à sa guise, il faut n'avoir jamais dépendu d'une femme, et, pendant quatre longues années, je venais d'être l'humble serviteur d'une maîtresse, assez étourdiment prise aux eaux de Carlsbad et conservée à Paris, de cette jolie et folle..., — ma foi, je n'ai pas le droit d'écrire son nom, même ici; — et comme elle était des amies de Mme Nieul, j'avais dû me résigner à venir très souvent rue de Berry. Puis, comme nous avions rompu depuis six mois, je lui devais, à elle, d'être plus exact que jamais aux devoirs du monde qui avaient jadis été les occasions heureuses de notre liaison. — Heureuses? Après tous les chagrins que cette femme m'a fait connaître, comment puis-je écrire ce mot à propos d'elle? J'étais son premier amour. Du moins je le crus en ces temps-là, et cette persuasion rivait davantage encore ma chaîne. Il me semblait que je lui devais plus qu'à une autre, et j'attribuais ce sentiment à une délicatesse de conscience, bien que je lui fusse attaché sans doute par cette vilaine vanité du sexe qui est le plus clair de tous nos amours. Je me laissais tyranniser, et je menais à la lettre l'existence d'un forçat de club; car elle joignait à une jalousie extrême un effréné désir de divertissement, si bien qu'il fallait toujours être où elle était, et elle était toujours dans le monde. Oui, une chaîne, et meurtrissante, et cependant imbrisable, car cette frêle créature aux yeux noirs trop grands, aux cheveux ondulés, à la bouche fine avec un rien de duvet au coin du sourire, était une ensorceleuse de volupté, en sorte que ma liaison avec elle se composait de scènes atroces, de cruelles corvées mondaines et d'ardentes ivresses. Le tout faisait une espèce de filtre diabolique dont je ne me serais pas guéri si elle n'avait eu l'idée de me donner un rival, dans des conditions qui me firent douter de mon rang sur la liste de ses triomphateurs ou de ses victimes; et nous nous brouillâmes, non sans qu'il me restât de ce cuisant amour un fond amer de misanthropie. Nous sommes ainsi construits, nous autres hommes, qu'après avoir divinisé une femme pour ses mœurs légères quand elle se conduit mal à notre profit, nous l'en méprisons aussitôt qu'elle fait avec notre voisin ce qu'elle faisait avec nous. Tendre logique!

J'étais encore tout assombri de cette rupture au moment où j'entrai dans le grand salon de l'hôtel Nieul, pour la première fois depuis mon retour de la campagne, et la vue des meubles de cette pièce ne fut pas sans me donner cette défaillance physique du cœur dont s'accompagne chez moi le sentiment du passé. Autour du grand piano, sur les canapés et les fauteuils, le long des tapisseries à personnages qui garnissaient les murs, il traînait tant de mes souvenirs! Il y avait, posé sur un chevalet, un tableau de Watteau, dans le coin à droite, qui représentait une collation de jeunes seigneurs et de jeunes dames au bord d'un étang à la chute du jour, symbole adorable de la mélancolie dans le plaisir, dont ma maîtresse raffolait jadis. A peine si j'osai jeter sur la toile un coup d'œil en passant. Lorsque je mis le pied dans la serre où toute la société se trouvait réunie, j'étais dans cet état de sensibilité nerveuse que je cache d'ordinaire sous de l'ironie. Tout m'est blessure alors ou caresse. Rien n'est plus dangereux que d'approcher dans ces minutes-là une femme trop charmante. Il flotte dans votre cœur comme des cristaux préalables qui ne demandent qu'à se prendre autour du premier rameau fleuri qu'on y jettera. Il y avait là, causant avec Mme Nieul, deux de ses amies et trois jeunes gens, et, debout auprès de la table de thé, Mlle Nieul et Mlle de Jardes. La pièce en rotonde, les divans circulaires tendus d'étoffes anciennes, le mariage sur les murs des feuilles des plantes avec la nuance passée d'autres étoffes, les sièges en bambou et leurs coussins attachés par des cordonnets de soie tressée, le dôme de verre treillagé, le goûter préparé, — le connaissais-je assez, ce décor? Mais ce que je ne connaissais pas, ou du moins ce que je n'avais jamais remarqué comme je fis durant ces trois quarts d'heure de visite, c'était la beauté d'Ève-Rose. Peut-être subissais-je, sans m'en rendre compte, un effet de la loi des contrastes, et, l'imagination remplie du souvenir du visage de mon ancienne maîtresse, — ce visage passionné jusqu'à en être dur, et pour moi marqué de vice, — n'était-il pas inévitable que la vue de cette physionomie claire de jeune fille me fût un repos délicieux? Malgré mes préventions, cette innocence évidente me charma aussitôt. Ève-Rose ne tient pas de sa mère par l'opulence de la beauté, car elle est de taille petite, de gestes menus, presque trop frêle. Ses cheveux d'un blond très chaud couronnent un front où la pensée était alors comme transparente. L'ovale de ce visage est mince, le nez un peu busqué, mais c'est par les yeux et par le sourire que ce gracieux ensemble s'achève en beauté. Ce sont deux yeux d'un bleu gris, dont le point central se dilate parfois jusqu'à faire paraître le regard sombre et à d'autres minutes se resserre tellement que la prunelle est toute pâle. C'est un sourire d'une gaieté candide, sourire d'une bouche sur laquelle aucune flamme, ou coupable ou permise, n'avait passé et qui montrait des dents toutes petites, comme d'une enfant, et l'oreille aussi était celle d'une enfant par sa délicatesse. Ève-Rose semblait une enfant encore par le tour de toute sa personne, par sa légère et alerte façon d'aller et de venir sur la pointe de son pied fin qu'elle posait un peu trop en dehors. Pour tout exprimer d'un mot, c'était la Jeunesse même que j'avais devant moi en train de me verser bourgeoisement du thé du bout de ses doigts fragiles où ne luisait l'or d'aucune bague. Nous étions debout, elle, Marie de Jardes et moi, à une extrémité de la serre, tandis qu'à l'autre la conversation s'animait. Des phrases m'arrivaient, entamées par des « Chère madame » et continuées par des mentions d'endroits de villégiature. Des noms de personnes rencontrées à la mer ou aux eaux, entre Deauville et Saint-Moritz, partaient comme des fusées, puis l'annonce des mariages prochains, car il y a deux saisons pour les mariages, la fin du printemps et la fin de l'été, les bals et la campagne étant les seuls endroits où notre société prudente permette aux jeunes gens des deux sexes de se rapprocher. Cela faisait une vraie causerie du monde, insignifiante mais bénigne, car les méchancetés ne se débitent que dans les cercles intimes, et la conversation officielle est une sorte de mise au courant, à peine malicieuse, des faits et gestes extérieurs de chacun. Cela aurait pu être sténographié et imprimé tout vif sous la signature de « Bijoutine » ou de « Gant de Saxe » dans quelque gazette du boulevard. Ah! je l'ai connu, le dur ennui des entretiens de ce genre! Mais quand il y a, dans un salon, de beaux yeux auxquels s'intéresser, — et voici que je m'intéressais déjà à ceux d'Ève-Rose, — je me résignerais à entendre tout un clan de femmes du monde parler sentiment ou littérature!

De quoi nous-mêmes parlions-nous, Ève-Rose, Marie de Jardes et moi, dans notre aparté autour de la théière et des verres russes dressés dans leur gaine de vermeil ciselé? C'est une des singularités de ma mémoire que je me souvienne du texte des paroles moins que de leur accent et de cet accent moins que de la nuance d'âme que j'ai cru deviner par derrière, comme je me souviens de la couleur des yeux moins que de leur regard, et de la ligne d'une bouche moins que de son sourire. Ève-Rose me taquinait sur mon dédain pour les jeunes filles. Ce n'était rien de très original. « Savez-vous, » disait-elle, « que c'est la première fois que vous me faites l'honneur de causer avec moi?... » Elle me regardait, ses grands yeux ouverts, ses cheveux d'or relevés sur le haut de sa tête, d'une manière qui la faisait ressembler à une tête de Watteau, la taille prise dans une robe de couleur sombre. Marie de Jardes, serrée dans un petit pardessus ajusté et tout bordé de fourrures, avait son frais visage de poupée encadré dans une petite capote de soie noire doublée de soie rose. Et toutes les deux de commencer un babil, coupé de rires joyeux, auquel je me mêlai du mieux que me permit l'occupation à laquelle je me livrais pendant ce temps-là. Par delà le cristal clair des yeux d'Ève-Rose, je m'amusais à regarder en pensée quelles images dormaient ensevelies. Notre âme est ainsi composée de ces innombrables empreintes que les milieux anciens ont laissées en elle, et dans cette tête aux cheveux si joliment blonds qu'apercevais-je : — très au loin, le souvenir de promenades au parc Monceau et aux Champs-Élysées, avec la sensation déjà qu'on est une petite personne d'un ordre rare, quelque chose d'un peu à part des autres fillettes; — très au loin encore, des souvenirs de paysages, des coins de mer élégante, le frémissement de l'eau bleue où l'on joue sur une plage, en toilette spéciale toujours; — un tout petit peu plus près, la vision des bals d'enfants où l'on est déjà courtisée et coquette; — un peu plus près, de vagues réminiscences de mysticité, les agenouillements de la première communion dans la vapeur de l'encens et sous les cierges; — et pêle-mêle, ensuite, des séances à différents cours, des indications convenues et fausses sur les littératures et les arts, et surtout qu'il n'y a de bonheur ici-bas que dans l'existence d'une femme du monde, avec un hôtel, des voitures, des toilettes et un mari qui monte bien à cheval; — enfin les mille scènes de cette vie du monde, jusqu'à mes visites, à moi, dans le salon de sa mère. Oui, c'étaient bien des images de cet ordre qui s'étaient reflétées dans cette âme, à travers ces prunelles bleues; mais ce que je saisissais aussi bien nettement, ou du moins cela me semblait ainsi, c'est que cette âme valait mieux que ces souvenirs. Le miroir était plus précieux que les images. Cette expérience était bien frivole; mais cette jeune fille n'était-elle pas née pour être sérieuse? N'avais-je pas devant moi, une fois de plus, une créature supérieure à sa vie, supérieure même à ses sentiments? Hypothèse toute gratuite, dont je crus voir la preuve à quelques-uns de ces riens que nous interprétons avec une si savante subtilité lorsque nous y sommes conviés par le charme visible d'une femme. Elle se moquait, — nous nous moquions,— de celui-ci et de celui-là, mais la malice, chez elle, n'avait pas la griffe aiguë. Il suffisait de lui dire une phrase un peu dure sur l'objet de sa raillerie, pour qu'elle découvrît aussitôt la qualité qui permettait l'éloge, et elle témoignait, dans cette remarque, d'une observation finement bienveillante. Les insinuations habituelles au monde n'avaient presque pas laissé de trace dans cette innocence. Je le devinai à la seule manière dont elle me parla de mon ancienne maîtresse. Cependant j'avais trop de raisons de croire que nos deux noms avaient été prononcés avec des sourires, et devant Ève-Rose, je l'aurais juré. Il y avait bien réellement en elle cette candeur de la vraie jeune fille que sa vie aurait déjà dû ternir, et la simplicité de son être paraissait n'avoir pas été touchée, malgré Paris. Voici que mes souvenirs se précisent et je l'entends : « Tu te rappelles, Marie, notre retraite au couvent de la rue de l'Église, à Versailles, quand maman a dû voyager, et comme nous croyions nous ennuyer... Pensez donc, huit jours, sans une sortie, au mois de mai. Il y avait un jardin immense tout rempli de troènes, de seringas et de tilleuls, avec un berceau tout au fond, que Marie avait appelé notre tombeau, le premier soir... Hé bien! c'est peut-être la meilleure semaine de notre vie, n'est-ce pas, Mary? » et elle prononça le nom à l'anglaise... « Nous avons découvert que nous avions un tas d'idées, que nous ne nous étions jamais dites, — pas vrai, Marie? Tenez, nous avons eu là une discussion sur votre caractère... » Oui, c'est bien sa phrase et qui, ainsi transcrite, prend comme une allure coquette, mais il n'y avait pas un atome de coquetterie dans tout son être. « Et peut-on savoir ce que vous disiez? » Je l'interroge, elle rit malicieusement. « Je n'ai pas le temps, » fait-elle, « il faut que je sois sage et que j'aille offrir du thé à Mme de Soleure, qui vient d'entrer, sinon maman me gronderait. »

Oui, c'est bien là le tout du premier jour, — et ce tout suffit pour qu'en sortant je n'adressasse de regard ni à la toile de Watteau, ni à aucun des meubles, pas même au grand fauteuil en velours de Gênes contre le dossier duquel je m'accoudais jadis pour causer avec ma maîtresse. Que je l'avais aimée, cette mauvaise femme assise dans ce fauteuil ; sa tête, que je voyais d'en haut et de profil, se détachait en pâleur sur le vieux rouge du velours ; elle s'éventait avec un éventail de plumes frisées, et chaque battement de l'éventail envoyait vers moi, comme un effluve de son corsage, des bouffées d'héliotrope blanc, son parfum préféré. Toute cette sensualité sentimentale se perdait dans un subit éloignement. Étais-je donc amoureux déjà d'Ève-Rose Nieul ? Et non, et oui. — Et non, car, à trente-neuf ans, les coups de foudre se font rares ; et oui, pourtant, puisque je me trouvais envahi par cette sorte d'angoisse délicieuse qu'éprouve un homme prématurément vieilli à sentir battre son cœur comme dans sa jeunesse. Et non, puisque j'allai au théâtre le soir et rendis une visite dans sa baignoire à une demi-mondaine qui m'avait beaucoup plu jadis. Et oui, car en revenant rue Murillo, à pied, je ne songeais qu'aux moyens de revoir Ève-Rose au plus vite. D'ailleurs, l'attraction que cette jeune fille exerçait sur moi avait ceci de fatal, je le comprends aujourd'hui, qu'elle arrivait dans ma vie exactement à son heure.

J'avais à subir une crise. En fut-elle le prétexte ou la cause? A cette minute-là, je goûtai, pour une fois, le plaisir d'être ému sans analyser mon émotion; mais, dans la distance du souvenir, je m'explique si bien pourquoi je suis tombé juste à cette place. Ma première jeunesse s'était composée d'une suite d'expériences de tendresse, multipliées d'une manière étrange. Si le type de don Juan reste si populaire dans les littératures, c'est qu'il correspond exactement à une certaine espèce d'hommes, dont j'étais et qui semblent posséder plusieurs âmes. Je me plaisantais moi-même autrefois sur ce que j'appelais barbarement mon *polypsychisme*. Mais de fait, à défaut des succès de don Juan, j'avais en moi son inconstance sincère, sa mobilité tendre, ce dangereux besoin d'éprouver toutes sortes de sensations variées, et par suite de varier sans cesse les prétextes de ces sensations. Aussi, pendant ces quinze années qui ont suivi la vingtième, que d'êtres différents j'ai connus en moi! Il y a eu, dans ce *moi* ondoyant et multiple, un homme qui aimait les créatures, les filles hardiment jolies et impudemment gaies, avec le tapage d'une joie demeurée populaire au milieu d'un luxe momentané, incomplet et frelaté. Il y a eu un homme raffiné qui adorait les femmes malades, leur pâleur de mortes, le silence autour d'elles d'une chambre d'agonisante. Il y a eu un homme qui raffolait des femmes-poupées, de leurs colifichets, de leurs idées menues, de leur froideur mièvre, et un homme encore qui désirait des femmes pompeuses et parées, des idoles de chair avec des regards lents, et des physiologies de géantes. Par-dessus ces caprices, la passion cuisante d'un adultère jaloux avait versé son venin. Entre la débauche et la passion, j'en étais donc venu à cet instant de l'existence du cœur que connaissent trop bien ceux qui arrivent à leurs quarante ans sans un souvenir tout à fait doux et pur. Une enfant innocente et sans passé devait exercer sur son imagination la tyrannie d'Agnès sur Arnolphe; — et, deux mois après cette visite de décembre, j'étais bel et bien amoureux d'Ève-Rose, cette fois sans les oui et sans les non, comme un adolescent qui cueille des myosotis dans un pré. Il paraît qu'il faut toujours avoir cueilli des myosotis une fois dans sa vie. Mais il est mieux de s'y prendre avant quarante ans, et ailleurs que dans ce monde de chic, de sport et de néant où vivait Mlle Nieul.

Oui, à quarante ans, — j'allais les avoir bientôt, et je me les donnais déjà par une façon de coquetterie, — on peut être bien malheureux, même dans le bonheur, si on aime une jeune fille de vingt ans plus jeune! Et d'abord, à cet âge, lorsque l'on a vécu comme j'avais vécu, au hasard de l'existence parisienne, c'est vraiment un cimetière que le cœur, mais un cimetière de légende où les tombeaux ne gardent pas leurs morts. Ils y reviennent comme dans les maisons hantées. Tandis que je faisais la cour à Ève-Rose, — comme on peut faire la cour à une jeune fille, — elle hasardait un geste, elle ébauchait un sourire, qui, par une invincible analogie, me rappelait quelque ancienne maîtresse. Je ne peux pas bien expliquer pourquoi ce rappel me jetait soudain dans des gouffres de chagrin. Peut-être chez les hommes façonnés comme je le suis, et toujours en train de remâcher leur passé, n'y a-t-il rien de ce passé qui soit entièrement aboli. Je sais trop, pour ma part, que je n'ai pas sur le cœur une seule cicatrice tout à fait insensible. Mes anciennes émotions refluaient sur moi à flots en présence de cette enfant charmante. Ce n'est pas que j'en eusse honte. Je suis trop profondément fataliste pour attacher aucun sens au mot de remords, mais cela me faisait me sentir si vieux à côté d'elle!... Si vieux encore, aux minutes où je la voyais causant avec des hommes de dix ou quinze années plus jeunes que moi. Je me surprenais à les envier : et leur frais visage, et leurs boucles mieux fournies que les miennes, et surtout cet incertain de la physionomie où l'âge se lit, plus que dans l'absence des rides. Mon expérience galante m'avait bien appris que le visage d'un homme apparaît aux femmes sous un angle que nous ne savons guère juger, et je pouvais croire que précisément les fatigues de la vie, empreintes sur ma personne, constituaient aux yeux d'Ève-Rose une grâce plus touchante que la fraîcheur inaltérée des autres. Ce sont là les raisonnements d'un tiers. On pense d'autre sorte, quand on est soi-même en jeu. Et puis, quand je n'avais ni fantôme à écarter, ni jalousies à vaincre, c'était le tour des scrupules. J'aimais une jeune fille, et cet amour n'avait d'autre issue qu'un mariage. Aussitôt que cette nécessité logique s'imposait à moi, la responsabilité du bonheur de cette enfant se présentait aussi et je me demandais : Où la conduirai-je? A quarante ans, on a perdu le pouvoir de se persuader qu'on est plus fort que la vie. On doute de cette vie, parce qu'on doute de soi. S'engager en prenant l'avenir d'une vierge, à ce qu'elle ne regrettera jamais sa confiance, quel contrat terrible à signer! Et l'on hésite, et l'on recule, et cela n'empêche pas d'aimer, de bouleverser ses habitudes, d'être heureux d'un regard, malheureux d'une indifférence, et on fait ce que j'ai fait, six mois durant, on arrive à voir plusieurs fois dans la semaine, souvent plusieurs fois dans le jour, une jeune fille à qui l'on ne doit pas dire un mot de ce que l'on sent, qui est gardée par les trois cents yeux du public et les deux yeux de sa mère, — et ce drame se joue parmi les mille incidents monotones de la vie mondaine, si bien que les émotions les plus ardentes du cœur s'associent à des thés de cinq heures ou à des dîners de gala. Étrange contraste qui serait si bouffon s'il n'était quelquefois si cruel!

Étrange contraste!... Des journées ressuscitent dans mon souvenir, pêle-mêle... C'est un lundi, le jour de sa mère. Je n'y viens qu'une semaine sur deux pour ne pas faire dire que je suis toujours chez les dames Nieul. J'entre dans le salon et mon cœur saute dans ma poitrine.

Tous les visages sont tendus; une dame en toilette de ville, son manchon posé sur ses genoux, tenant d'une de ses mains gantées sa tasse de thé blanchi de crème et remuant l'autre main d'un geste décisif, laisse tomber cette phrase qui me met au ton de la causerie : « Vous savez, ma chère, après cette expérience, j'en suis revenue à Worth... » Ève-Rose écoute ce discours de ses deux jolies oreilles. Entendrai-je seulement le son de sa voix, aujourd'hui, dans une phrase qui ne soit pas simple politesse? Et je suis arrivé à quatre heures, parce que c'est le moment où ses intimes amies ne sont pas encore là, et que je redoute la moquerie de ces trois ou quatre malicieuses compagnes... — C'est un mercredi, le jour où Mme Nieul a sa loge à l'Opéra. Je me revois dans le couloir, regagnant mon fauteuil, et de-ci et de-là, c'est des saluts à des camarades que je ne peux souffrir; celui-ci m'arrête, puis celui-là : « Savez-vous la nouvelle? Machaud se bat demain... » — « On vient de m'en conter une bien bonne. Colette Rigaud fait des traits à Claude Larcher, devinez pour qui?... » — « Ils n'en ont pas pour deux mois... » Cette fois il s'agit des ministres. Au milieu de ces bavardages, comment garder intacte la vision que je rapporte dans le coin de mon cœur, d'un frêle buste de jeune fille penché vers moi qui ai pris place derrière elle pendant cinq minutes d'entr'acte? Encore ai-je souffert qu'elle fût décolletée, tandis qu'elle me souriait et qu'elle agitait un tout petit éventail en vernis Martin qui lui vient de sa grand'mère et sur lequel se voit une scène de bergerie... — C'est un mardi; heureusement, on donne aux Français, cette année, des pièces « à mariages, » comme s'exprime Mme Nieul, c'est-à-dire d'une littérature suffisamment médiocre pour qu'on y puisse mener les demoiselles, et j'écoute patiemment de la prose de vaudevilliste, au lieu d'être assis au coin de mon feu, en train de lire un bon livre où il y ait de l'analyse et du style, le tout parce que, dans la quatrième loge à droite, je peux voir, en me retournant, une main levée qui tient une menue lorgnette d'argent devant deux yeux bleus, et c'est la main et ce sont les yeux d'Ève-Rose... — C'est un samedi; les Taraval donnent à dîner ce jour-là. Mme Taraval est une sotte, son mari un drôle. Je leur ai fait si bon visage que me voici prié à leur table. A côté de laquelle des personnes de leur société vais-je me trouver? Et que vais-je dire? Car il faut parler, « être de ressource, » si je veux être invité à nouveau. Oui, mais Ève-Rose sera là peut-être, et dans la soirée, après avoir écouté au fumoir les obscénités du gros Seldron, afin de ne pas singulariser ma présence auprès des dames, je dirai à ma petite amie, comme je l'appelle dans le silence de ma pensée, quelques mots dans un coin du salon. — Ah! j'admire que les moralistes se plaignent de la rareté des mariages d'amour dans la vie française, quand les mœurs sociales élèvent, entre une jeune fille et un homme, des haies si hautes, et quand, pour écarter seulement les branches et apercevoir celle qu'on aime, il faut se piquer les doigts à de telles épines.

Aujourd'hui que je raisonne à distance les menus faits de ce roman naïf d'un homme blasé, je demeure effrayé de voir combien nos heures douces sont vraiment ces clous dont parle Bossuet, qui, fixés au mur, et de distance en distance, paraissent nombreux. Amassés ensemble, ils ne remplissent pas le creux de la main. Et si, du moins, ces heures douces avaient été des heures de pleine confidence, d'entière et libre ouverture de cœur? Hélas! En mettant ces heures bout à bout, je n'en ai peut-être pas passé trente-six à causer avec Ève-Rose, et pas une fois je n'ai pu lui montrer mes sentiments et l'interroger sur les siens. Nous sommes à ce point les victimes des lois du monde, quand nous y avons beaucoup vécu et quand les convenances nous apparaissent comme des signes moraux, que je n'aurais pardonné ni à moi une déclaration, ni à cette jeune fille un aveu ou une complaisance. Ce que je voyais d'elle, c'était sa personne physique et sociale, et de sa personne intime seulement ce que j'en devinais, — ce que j'en imaginais peut-être. Somme toute, j'ai souffert moins qu'un autre de cette situation, car il y a chez moi une sorte d'intuition invincible qui me force à juger des caractères d'après des faits insignifiants pour la plupart des hommes, et à négliger ceux qui d'ordinaire comptent le plus. Un regard, un geste, un son de voix revêtent pour moi un langage qui émeut ma sympathie ou mon antipathie, plus que ne le feraient des actes réfléchis et d'une importance capitale. Imprudente ou sage, cette manie d'interpréter les riens de la vie en profondeur m'a valu les meilleurs instants de mon idylle avec Ève-Rose. Pauvre idylle et dont les scènes muettes n'ont eu que moi-même pour théâtre et pour témoin, pour acteur et pour auteur! Et cependant mon ivresse était assez forte pour que toutes les misères du milieu parisien disparussent dans son enchantement. Que de fois, dans cette salle banale de l'Opéra, où je m'étais toujours ennuyé comme un vieux banquier, me suis-je senti heureux comme un lieutenant en congé, à suivre sur le visage d'Ève-Rose le reflet des émotions que lui donnait la musique! Je trouvais une preuve de son intacte simplicité d'âme dans ce fait qu'elle était, au rebours de toutes les jeunes filles élevées comme elle, capable de croire au spectacle qui se déployait devant ses yeux. Dans sa robe de sicilienne blanche nouée de rubans de soie d'un rose pâle, qui me plaisait tant, elle se tenait penchée et fixe, lorsque les passions se déchaînaient dans les éclats de voix des chanteurs et les ronflements de l'orchestre. Dans les loges, à droite et à gauche de la sienne, les femmes lorgnaient la salle ou causaient par-dessus leur épaule avec les hommes placés derrière elles. Par une bizarre transposition de goûts, moi qui n'ai jamais pu souffrir le drame musical, j'aimais Ève-Rose de l'aimer à cause du trait de caractère que je croyais saisir à cette occasion. — Que de fois encore, la voyant s'amuser ingénument dans un bal où l'insipidité des discours s'augmentait de la suffocation de l'atmosphère, lui ai-je été reconnaissant de témoigner ainsi du fond enfantin que je chérissais en elle! Son sourire éclatait de gaieté, ses yeux rayonnaient, elle dansait comme aurait fait une enfant du peuple, pour la danse elle-même. Elle était de nouveau pour moi la Jeunesse, — cette inexprimable, cette divine Jeunesse à laquelle je réchauffais ma mélancolie, comme à un soleil de printemps. Je sentais émaner d'elle, mais dans l'ordre de la pureté, un magnétisme analogue à celui que projettent certaines femmes allantes et venantes, toujours en mouvement, toujours en train, qui semblent promener et comme secouer la vie dans les plis de leurs jupes. Aujourd'hui même, je ne trouve pas d'autre explication à la sorte de charme qui m'ensorcela. Grandie dans un monde où il ne se rencontrait pas un homme distingué ni même qui causât, Ève-Rose n'avait pas une intelligence d'idées. Mais son esprit gardait quelque chose de droit et de juste. Ses réflexions sur les médiocres romans qu'elle lisait révélaient un bon sens très ferme, un jugement quelquefois un peu trop net et positif, à mon gré, mais toujours franc. Et puis il ne se rencontrait pas en elle un atome de malveillance mondaine. Elle montrait une si naturelle confiance dans ce qui est bien et une si ingénue façon de reconnaître ses torts, quand elle en avait. Parfois il m'arrivait de la reprendre comme malgré moi, et elle se rendait à la raison tout de suite. Je me rappelle qu'un jour, voyant entrer Mme Durand-Bailleul dans un salon, elle me dit: « M. Le Bugue ne doit pas être loin. » — « Pourquoi vous faites-vous l'écho d'indignes calomnies? » l'interrompis-je vivement et sans trop réfléchir à la portée de ma phrase; elle rougit, et: « J'ai tort, je ne le ferai plus, » reprit-elle tout d'un coup. C'est sur des traits pareils que je me formais une idée attendrissante des profondeurs de son caractère, et je songeais à ce que pourrait faire de cette âme vierge un homme qu'elle aimerait. Quelle terre choisie pour y semer les plus belles fleurs et quel dommage si la vie exerçait son horrible travail de dégradation — sur celle-là aussi!

Mais aimerait-elle, et m'aimait-elle? Peut-on jamais lire dans un cœur de jeune fille ce que ce cœur ignore lui-même? Qu'elle fût occupée de moi, il me suffisait, pour m'en convaincre, de voir l'éclair de joie avec lequel elle m'accueillait, et aussi de surprendre le sourire de Marie de Jardes lorsqu'elles étaient ensemble et que je m'approchais de leur groupe. Mais était-ce autre chose que le petit sentiment de vanité féminine qu'éprouve toute enfant de dix-huit ans à voir un homme de mon âge négliger pour elle des beautés plus reconnues et souveraines? Où que ce fût, nous avions tôt fait de nous trouver l'un à côté de l'autre. Mais ces rapprochements venaient-ils d'elle, ou bien de moi? Elle me disait toujours l'endroit où elle passerait sa soirée, lorsque je la voyais dans l'après-midi, mais toutes mes phrases n'enveloppaient-elles point cette question? Et rien cependant ne révélait qu'elle soupçonnât la nature du sentiment que je nourrissais pour elle, jusqu'au jour inévitable où une crise survint que je prévoyais depuis la première heure; puis j'avais toujours écarté cette vision, — par une sorte d'aveuglement volontaire que symbolise la naïveté de l'autruche. Mes assiduités furent-elles l'objet de quelques observations adressées à Mme Nieul, ou bien d'elle-même remarqua-t-elle que sa fille s'attachait à moi trop complaisamment? Toujours est-il qu'un soir, en arrivant dans un salon, je rencontrai dans les manières d'Ève-Rose un si marqué changement que je ne pus m'en dissimuler la gravité. Ou je l'avais froissée, ou bien sa mère lui avait défendu d'être avec moi ce qu'elle était d'habitude. Je me sentais trop innocent envers elle pour hésiter une minute sur la cause. Mme Nieul s'enveloppait de son côté dans une réserve trop significative. Il en fut de même durant une semaine entière, à la suite de quoi, ayant trouvé le moyen de m'approcher d'Ève-Rose sans qu'il y eût personne auprès d'elle : « Ne causez pas avec moi, » fit-elle à mi-voix, « je vous en conjure, si vous voulez mon repos... » C'était la fin. Ce vague roman de six mois aboutissait à l'inévitable conclusion. Il fallait ou abandonner mon intimité avec Ève-Rose, ou demander sa main. J'hésitai trois jours et je pris ce dernier parti.

Je m'adressai, pour cette démarche, à une grande amie des dames Nieul, qui était en même temps la femme d'un de mes plus vieux camarades : Madeleine de Soleure. Ce ne fut certes pas sans vaincre une légère répugnance. J'avais rêvé à mes sentiments une tout autre confidente que cette jeune femme de vingt-cinq ans, très jolie, très spirituelle, mais qui incarne en elle les défauts extérieurs et les plus choquants d'une société très libre. Avec ses cheveux d'un blond aussi cendré que celui des tresses d'Ève-Rose était doré, avec ses allures de grand garçon enjuponné, ses toilettes tapageuses, ses habitudes de flirt, les gamineries de sa gaieté, Madeleine froissait toutes les délicatesses de mon attendrissement actuel. Mais ce qui rachetait en elle ces déplaisantes manières et qui me décida, c'est une qualité rare chez les femmes. Elle a le genre de loyauté d'un honnête homme. Elle est très capable de rire aux éclats d'une histoire leste, mais parfaitement incapable de redire un secret qu'on lui a confié, de laisser accuser une amie sans la défendre, et aussi de tromper la confiance de son mari. Edgard de Soleure l'a épousée contre vents et marée, car la mère de Madeleine a fait terriblement causer d'elle, puis elle a élevé sa fille, comme il arrive quelquefois, dans des principes très rigides, et, de fait, ce ménage est encore un des meilleurs que je connaisse à Paris. On y a un mauvais ton et de bonnes mœurs. Sous ses dehors de Parisienne évaporée, Madeleine sait merveilleusement faire un décompte de situation. Ses prunelles bleu de roi y voient loin et clair, et au demeurant je ne savais personne qui fût ni plus sûr ni de meilleur conseil, ce qui ne m'empêchait pas de craindre, jusqu'au malaise, jusqu'à la douleur, la piqûre de ses plaisanteries, lorsque j'arrivai au rendez-vous que je lui avais demandé. « Ah! » s'écria-t-elle dès les premiers mots, « j'en aurais mis ma main au feu. Mon pauvre ami, que vous vous embarquez là dans une mauvaise affaire!... » — Elle était paresseusement couchée sur le divan de son salon intime, dans une robe de chambre à volants, toute blanche, en train de fumer des cigarettes d'un tabac de la couleur de ses cheveux, qu'elle prenait dans une boîte du Japon laquée d'or, et, sur la même table, à côté de la petite boîte, un porte-carte en cuir noir qui se maintenait debout par un double reploiement sur lui-même, montrait quatre photographies de ses amies préférées, dont une était celle d'Ève-Rose. Je pouvais voir ce portrait de ma place, je le regardais et l'attitude m'en plaisait infiniment. La jeune fille était debout, ses mains unies et abaissées, avec cet air à la fois naïf et absorbé que je lui connaissais dans ses heures graves. Cela seul m'eût encouragé à continuer, quand même je n'eusse pas été décidé à pousser jusqu'au bout ma résolution.

— « Alors, » dis-je à Madeleine, « vous croyez qu'elle ne m'aime pas ? »

— « Qu'elle vous aime ou qu'elle ne vous aime pas, mon cher Vernantes, c'est tout un pour vous, » répliqua-t-elle, « puisque sa mère ne vous la donnera jamais, jamais... Ceci est entre nous, pas vrai ? Savez-vous compter ? » Je fis le signe de ne pas la comprendre ; elle continua : — « Vous êtes-vous demandé une fois par hasard ce que les dames Nieul dépensent par an ? J'ai leurs fournisseurs, moi, et je dresserais leur budget à cinq mille francs près. Elles ne peuvent pas s'en tirer avec moins de cent vingt mille francs, vous m'entendez, cent vingt mille francs. Et Nieul est mort de chagrin d'avoir réduit sa femme à soixante mille livres de rente par ses mauvaises spéculations de Bourse. Il y a juste dix ans de cela. Deux multiplications et une soustraction, et vous saurez pourquoi Mme Nieul ne vous donnera pas Ève-Rose. »

— « Mais cette femme est une folle ! » m'écriai-je, abasourdi par cette révélation soudaine.

— « Nullement, » continua Mme de Soleure, « c'est une mère qui ruine sa fille, voilà tout, comme tant d'autres ruinent leur mari, par ranité. Mais vous ne l'avez donc jamais regardée et deviné sa sécheresse et sa fureur de briller, rien qu'à son profil d'impératrice, à l'orgueil de sa bouche, à cet implacable qui est dans tout son être... » Et elle l'imitait avec ses mines tout en parlant. « Elle ne renoncera au monde que morte, et comme il faut, pour que cette vie puisse continuer, qu'Ève-Rose fasse un mariage riche, Ève-Rose fera un mariage riche, aussi vrai que voilà une bouffée de fumée. » Et avec sa jolie bouche elle s'amusait à chasser la fumée de sa cigarette qui s'en allait par petits anneaux bien égaux, puis, comme en se jouant, elle poursuivait ces bagues mobiles et bleuâtres avec son doigt, et involontairement je voyais dans ce geste de mon amie un symbole de ma vie à moi, qui s'est passée, en effet, à poursuivre des mirages plus légers, plus insaisissables que la fumée de la cigarette de Madeleine.

— « Encore faut-il qu'Ève-Rose consente à tout ce calcul, » lui répondis-je, « et c'est précisément à cause de cela que je me permets de n'être pas de votre avis et que je pense qu'il importe beaucoup pour moi de savoir si elle m'aime. »

— « Mon ami, » fit Madeleine en secouant

sa tête blonde, « rappelez-vous ce que je vous dis : il n'y a pas de jeune fille qui aime, — à Paris du moins et au-dessous du troisième étage. Ève-Rose est délicate, elle est droite et franche, mais soyez certain qu'avant d'entrer en révolte avec sa mère, elle hésiterait, même si vous aviez un intérieur princier à lui offrir. Et comme elle saura par Mme Nieul l'existence qui l'attend si elle vous épouse, elle n'hésitera pas plus de cinq minutes. Songez-y donc, voilà une enfant qui ne comprend pas la vie sans un hôtel aux environs du parc Monceau ou du bois de Boulogne, sans quatre ou cinq chevaux dans l'écurie, sans des sorties tous les soirs d'hiver, une loge à l'Opéra, et tout ce que comporte un train de cette sorte : des voyages l'été, un château en automne, et tout ce décor d'élégance, on ne l'a ici qu'avec de la fortune, beaucoup de fortune... Sa mère serait morte et elle ajouterait les quelque trente mille francs de rente qui peuvent lui rester à vos revenus, qu'elle se croirait pauvre. Ne hochez pas la tête. C'est l'affreux envers de notre genre de vie. Avec un million, dans notre monde, mon cher, on n'a pas le sou... »

Il y eut un silence entre nous. J'écoutais cette femme comme un homme écoute le bilan de sa faillite. Elle continuait : — « Et seriez-vous heureux avec elle, vous que je connais ? Mais vous souffririez le martyre pour un seul regret qui passerait dans ses yeux ? Ne vivriez-vous pas avec l'angoisse quotidienne de vous dire : « Je lui ai pris « sa vie de femme à la mode, sa vie opulente et « jeune, pour l'attacher, à quoi ? » Pensez bien que vous, monsieur François Vernantes, ancien auditeur, et très bien vu dans la société, vous êtes dans ce que j'appelle les célibataires de première classe. Vous vous mariez, et, si votre femme n'a pas plus de fortune que n'en a Mlle Nieul, tout cela change d'un instant à l'autre. Vous étiez un garçon riche. Vous devenez le chef d'un ménage gêné. Vous perdez du coup la bonne moitié de vos relations... » Et elle parlait, parlait toujours, et à mesure qu'elle parlait, je me sentais envahi par ce terrible sentiment de l'impossible qui m'a toujours et partout arrêté sur le bord de la réalisation de mes plus chers désirs. Je m'aperçus, tentant une expérience pour moi terrible, celle de découvrir ce qu'il y avait dans le fond du cœur d'Ève-Rose, et une timidité affolante s'emparait de moi à cette seule idée. « Et puis, » songeai-je une fois rentré chez moi après cette conversation, « est-ce que vraiment j'ai assez de confiance dans mon sentiment pour prendre la responsabilité d'un mariage accompli dans ces conditions-là?... » Mais à quoi bon me rappeler les causes profondes de ce renoncement? Elles tiennent toutes dans cette maladie de la volonté dont j'ai tant souffert. Le soir même, après des heures d'une agonie d'indécision, j'écrivais à Madeleine de Soleure que je me rendais à ses raisons, et cinq jours après je quittais Paris.

Se rencontrera-t-il jamais un moraliste tendre, comme j'aurais souhaité de l'être, si j'avais eu la puissance d'écrire autrement que pour me soulager l'âme, qui donne aux anxieux, aux incertains, aux tourmentés comme moi une explication des ondoiements et des contrastes de leur caractère? Après cette volte-face subite de mes résolutions déterminée par les raisonnements de Mme de Soleure et aussi par mon impuissance à lutter, à me résoudre, à vivre enfin, que disait la simple sagesse? Qu'il fallait du moins partir sans revoir Ève-Rose, puisque je m'en allais pour la fuir. Je voulus cependant pénétrer une fois encore dans l'hôtel de la rue de Berry avant de quitter la ville où je la laissais, — pour un autre, et pour lequel? Mon cœur, inhabile à l'action, a toujours été ingénieux à ces raffinements de torture intime. Je trouvai la mère et la fille dans cette serre en rotonde où un infini de rêveries heureuses avait tenu pour moi cet hiver. Comme elles venaient de perdre une parente éloignée, elles étaient l'une et l'autre en toilette noire, et tandis que je parlais à Mme Nieul, lui expliquant mes projets de voyage, Ève-Rose, penchée sur un métier à tapisserie, faisait courir son aiguille avec une rapidité qui me sembla fiévreuse. Quand je me levai, ses yeux se fixèrent sur moi. Elle était, à cette minute, blanche comme le papier sur lequel j'écris ces lignes. Ah ! ce pâle visage, en proie à une émotion qui n'était peut-être que de la pitié très douce, qu'il m'a poursuivi longtemps de son regard ! Que j'ai de fois deviné un muet reproche dont je ne pourrai jamais me justifier, au tremblement de sa petite main dans la mienne ! Et que j'ai passé d'heures à égrener le chapelet des regrets inutiles, des « si j'avais parlé pourtant, » des « si elle m'aimait ? » — Surtout l'annonce de ce mariage avec Adolphe Bressuire m'a été un comble de peine. Puis cette langueur mortelle s'est résolue en une indifférence attendrie. Je croyais si bien avoir oublié tout cela. Il y avait entre nous de longs mois de voyage, la sensation de l'irréparable, la monotonie de ma vie, et pour une ligne rencontrée dans un journal, voici que la blessure fermée s'est rouverte. — Une blessure? Non, puisque Ève-Rose est libre, pourquoi souffrir encore? Est-ce que la destinée ne semble pas me tendre une seconde fois cette carte que j'ai tant regretté de n'avoir pas jouée? — Quelle folie! Et c'est pour m'assagir que j'ai commencé à écrire toutes ces pages, c'est pour endormir les nerfs malades. Une piqûre de morphine aurait décidément mieux valu.

SECOND FRAGMENT

Paris, novembre 1881, par un temps gris.

— Que faire par une après-midi de pluie battante, lorsqu'on souffre du foie et qu'on a le dégoût du visage humain? Lire des livres? Je connais par cœur tous les miens. Et que m'apprendraient-ils ? Dans toutes les littératures, il n'y a pas cinquante pages qui soient nécessaires. Les autres sont des œuvres d'art, — autant dire un jeu de patience, bon pour intéresser ceux du métier. Un homme qui a vécu est plus difficile. Écrire des lettres en retard ? Il y a belle lurette que mon nihilisme intime s'est affranchi des misères de la politesse. Et dans ce désarroi de mes nerfs exaspérés, de ma santé détruite, de mon âme endolorie, voici que je me suis repris à ruminer mon existence, comme les bœufs ruminent leur herbe. Qu'elle était amère, la prairie où j'ai brouté ma pâture de cœur ! Un peu au hasard, j'ai feuilleté mes anciens journaux, et, de cahier en cahier, je suis arrivé à celui qui n'est pas fini de remplir ; j'ai relu les quelques pages qui contenaient le récit de mes sentiments pour Ève-Rose Nieul, — en éclatant de rire. La destinée s'est chargée, depuis, de composer le second chapitre de ce roman, et la fantaisie me prend, puisque je ne peux pas sortir et que ma porte est condamnée, de transcrire ce second chapitre comme j'ai fait le premier. J'ai donc roulé une toute petite table au coin de ce feu, choisi ma plume avec soin, comme pour un travail important. Ce griffonnage me distraira bien deux heures. — Dans ces cas-là, je me souviens du mot de mon professeur de grec, quand j'étais en rhétorique à Bonaparte. Interminablement long, scrupuleusement sec, étonnamment docte, il me faisait lire du Sophocle, chez lui, en fumant d'affreux cigares qui me donnent encore la nausée par delà les années, et, à la fin de la leçon, clignant son œil, il ricanait : « Mon cher Vernantes, voilà qui vaut mieux que de jouer au billard. » Aujourd'hui je ne jurerais pas qu'il eût raison. Si seulement il avait dit : « autant, » et non pas : « mieux! »

Précisons donc mes souvenirs. J'étais en mars à Florence, à Naples en avril, sur les lacs en juin, à Ragatz puis à Bayreuth pour entendre les opéras de Wagner en juillet et août. J'ai passé septembre dans ma maison de Picardie. Ce séjour a fait tout le mal. A quarante et un ans, avec une tête demeurée romanesque, on ne vit pas un mois durant sans compagnon que soi-même, à se promener au bord d'une rivière ou parmi les chênes, sans que la mauvaise plante du sentimentalisme ne se remette à fleurir. Il y a un endroit où le bord de la rivière se creuse en une petite baie. Le courant s'y fait tout calme; l'eau étale une nappe si parfaitement immobile que la façade de la maison s'y reflète tout entière. Les paysans appellent cette place : le Miroir. Je passais, moi, des heures et des heures à regarder dans ce miroir; mais ce que j'y voyais, ce n'était pas ma maison, c'était ma vie, — une lamentable vie, — et quel avenir? J'ai toujours eu comme peur du réel, et le réel s'en vengeait en se retirant de moi. Que possédais-je en effet à quoi je pusse m'attacher étroitement? Quel solide devoir, quelle affection profondément enfoncée allaient me servir de point d'appui dans les années de la suprême dérive? Pas de famille, pas de carrière, pas d'ambition. Rien, pas même une manie. La suite indéfinie des lendemains sans espérance s'étendait devant moi. Et puis j'avais horreur de cette vision, et je me demandais : « est-il vraiment trop tard pour réparer cet écroulement? » Dans le fond de l'eau transparente, alors, une forme apparaissait, — la frêle et mince silhouette d'une enfant de vingt ans à peine, et cette enfant avait les yeux bleus, la chevelure d'or, les lèvres frémissantes, le sourire ouvert... de qui? sinon d'Ève-Rose? Le fantôme devenait plus saisissable encore à ma rêverie, et je reconnaissais le regard de la visite d'adieu. Une voix s'élevait, insinuante et caressante, pour me dire qu'elle était libre, et pourquoi donc ne pas oser, maintenant qu'elle ne dépendait plus que d'elle-même, ce que j'avais tant regretté de n'avoir pas osé autrefois? J'aurais dû me défier de ce projet. Il avait l'air si raisonnable à la fois et si doux. C'est le double caractère sous lequel l'ingénieuse nature nous convie d'habitude aux pires sottises. Mais aussi pourquoi le dieu Hasard m'a-t-il fait, presque aussitôt après ma rentrée à Paris, rencontrer Madeleine de Soleure, et pourquoi cette folle m'a-t-elle dit, au cours d'une causerie à bâtons rompus: « Les oreilles ont dû vous tinter avant-hier, j'ai passé une heure à parler de vous avec un de vos anciens flirts, devinez lequel? »

— « La liste serait trop longue, » répondis-je; et je plaisantais, parce que l'idée d'Ève-Rose venait de surgir dans ma pensée et de me serrer le cœur.

— « Vous êtes devenu fat dans vos voyages, » répliqua Madeleine; « vous mériteriez qu'on vous laissât chercher dans votre liste, puisqu'il y a une liste. Mais comme je suis un bon garçon, et qu'il est cinq heures, et qu'on m'attend au quart, je vous dirai le nom tout de suite. C'est Ève-Rose Bressuire. Allez donc la voir. Elle est retournée chez sa mère, et elle s'ennuie tant. »

Et je suis allé à l'hôtel de la rue de Berry. C'était par un joli ciel de trois heures, comme il fait en octobre, tout clair et pommelé. Me voici devant cet hôtel dont la porte cochère, — cette massive porte avec son marteau où se tordent deux serpents, — me représente tant de souvenirs. Je demande si « Mme Nieul est à la maison ; » le concierge me reconnaît et me répond que « ces dames n'ont commandé la voiture que pour cinq heures. » Ces dames ? Mon cœur se serre. Encore quelques minutes et je reverrai sans doute mon amie d'il y a deux ans. Je traverse le grand salon. La face immobile de la pièce n'a pas changé. Le Watteau posé sur un chevalet que drape un velours ancien, évoque toujours à côté du piano le rêve de son paysage du soir et de ses amants mélancoliques. Le valet de pied pousse devant moi les battants de la grille en fer forgé sur laquelle le pampre enroule son feuillage doré, comme jadis. Il y a deux personnes dans la serre où les vertes frondaisons, comme jadis encore, marient leurs nuances sombres aux nuances doucement vieillies des étoffes, et ces deux personnes sont Mme Nieul et sa fille. Ève-Rose est assise devant son métier : cette attitude, cette toilette noire, ces beaux cheveux blonds, ces tendres yeux bleus, cette pâleur soudaine..., y a-t-il deux ans, y a-t-il deux jours que je suis venu ici? Seule, la surprise de ces dames souligne la longueur du temps écoulé depuis ma dernière visite, — mais si gracieusement.

— « Comme c'est bien à vous, » fait Mme Nieul, « de n'avoir pas désappris le chemin de notre maison ! Nous avions cru que vous nous oubliez tout à fait. »

— « J'étais si loin, madame, et j'ai su trop tard le malheur qui vous a frappées pour pouvoir vous adresser avec tous vos amis le témoignage de ma sympathie. »

Je prononce cette phrase aussi hypocrite qu'insignifiante en m'inclinant du côté d'Ève-Rose, qui incline, en réponse, sa jolie tête. Combien tenait-il de mensonges dans les premières paroles que nous échangions ainsi après des mois et des mois d'absence ? Ah ! Ceux qui maudissent les tromperies des banales amabilités mondaines sont des ingrats. Ces tromperies, qui ne trompent personne, rendent seules possible le passage à travers le défilé d'une situation fausse, — comme celle où nous nous trouvions à cette minute. N'avions-nous pas tous les trois un point d'interrogation au fond de notre cœur qui ne devait même pas se laisser deviner sur le bord de notre bouche? La plus indifférente était, certes, Mme Nieul, qui n'avait jamais porté un intérêt assez vif à mes actions pour se demander très sérieusement quelle avait été la cause de mon absence, quelle était la cause de mon retour. Mais Ève-Rose, elle, savait trop bien que je l'avais aimée. — Même les plus innocentes d'entre les jeunes filles ne se trompent pas à ces choses-là. — Pourquoi donc étais-je parti? Pourquoi venais-je de reparaître? Mes sentiments avaient-ils changé?... Toutes ces questions passaient dans ses yeux clairs, tandis que j'épiais, moi, ses mouvements pour mieux juger de la nuance exacte de son accueil. Et nous parlions cependant, et notre causerie allait des détails de mon voyage à des détails sur plusieurs de nos amis communs. Mais j'assistais à cette causerie plutôt que je n'y prenais part, l'âme envahie par une double félicité. Et d'abord, à l'attention avec laquelle Ève-Rose suivait mes moindres paroles, je reconnaissais que je ne lui étais pas devenu un étranger. Si je m'étais borné à cette constatation, je n'aurais pas été l'imaginatif que j'ai toujours été. Non, j'interprétais cette attention évidente, et tout un poème se construisait dans ma tête, dont je me rêvais le héros. Par une naïve fatuité que j'ai payée cher, je devinais dans le mariage d'Ève-Rose un roman de mélancolie. Elle m'aimait et j'étais loin; sa mère était présente et pressante. C'est pour cela que la pauvre enfant se montrait si ingénument émue de me retrouver contre toute attente. Deux ou trois indices me suffisaient pour que j'ajoutasse foi à cette hypothèse. L'espérance du bonheur nous trouve si crédules même après des centaines d'épreuves! — Et puis, ce qui me rendait dans cette première visite heureux jusqu'à l'ivresse, c'était moins cette chimère subitement forgée, qu'un très étrange phénomène d'hallucination intime. L'identité complète du décor, jointe à l'identité de la toilette et de l'attitude, me reportait de deux ans en arrière d'une façon tellement irrésistible que le temps parcouru depuis lors se trouvait supprimé du coup. Je savais bien que des événements d'une gravité presque tragique s'étaient accomplis durant ces deux années. Je savais cela, comme on sait l'existence d'un autre, avec une conscience incertaine et presque dépouillée de réalité. La trame de ma passion pour Ève-

Rose se renouait juste à la maille où le coup de ciseau du destin l'avait tranchée. Aussi me retrouvais-je, en rentrant chez moi, après cette première visite, exactement dans l'état d'âme où j'étais avant l'entretien avec Madeleine de Soleure, avant même la froideur commandée d'Ève-Rose... Mais cette froideur avait cédé la place à l'émotion sincère, mais personne n'avait plus d'ordre à donner à ma petite amie, mais elle avait pu me dire en me quittant et devant sa mère : « Vous savez que j'y suis toujours avant quatre heures. » Il n'était donc pas trop tard pour refaire ma misérable vie. — Ah! le bonheur! le bonheur! Comme j'ai cru que cet oiseau moqueur allait cette fois faire son nid dans le coin de ma fenêtre !

Cette impression du renouveau de mon ancien songe fut assez forte pour persister avec une intensité non diminuée, pendant quinze jours, et sans que je revisse Ève-Rose plus de deux fois, — chez sa mère encore et chez Mme de Soleure, où j'avais recommencé de me montrer en dehors des heures officielles. Oui, c'est seulement après deux semaines de chimère complaisamment et passionnément caressée que je m'avisai de réfléchir et de raisonner sur les circonstances où se jouait derechef la partie de ma destinée. Une phrase de Madeleine suffit à provoquer chez moi cette réflexion. Je m'étais donc rencontré chez elle avec Ève-Rose; puis quand cette dernière fut partie : « Et quand allez-vous me charger de la demande ? » dit Mme de Soleure avec sa manière hardie et virile de poser des questions. « Cette fois, » ajouta-t-elle en clignant des yeux, toute malicieuse et futée, « je vous conseille de risquer le paquet. » Après des années, je ne me suis pas habitué à ces façons de parler, et je me souviens que cette tournure me fut particulièrement pénible à cette minute. Tout mon cœur était à vif, et Madeleine continuait : « Je serais bien étonnée si l'on vous répondait : Non; » et, comme si elle causait avec elle-même, étourdiment, elle ajouta : « Mme Bressuire doit bien avoir cent vingt mille francs de rente, aujourd'hui ?... » Sans aucun doute, cette phrase, jetée d'un coin de bouche rieur par cette femme à la fois si honnête et si positive, si amicale surtout, répondait à une pensée qui n'avait rien d'injurieux pour moi. C'était une réplique aux objections soulevées par elle, admises par moi jadis dans l'entretien qui avait décidé mon départ, — et une réplique à laquelle il paraissait invraisemblable que je n'eusse pas songé. Invraisemblable ou non, le fait est que je n'y avais pas songé. Aussi les paroles de Madeleine me frappèrent-elles comme à l'improviste, et je ressentis cette indéfinissable impression que nous inflige la seule pensée d'être soupçonné d'un vilain calcul. J'eus la vision immédiate, et nette comme l'évidence, qu'à la nouvelle de mon mariage avec Ève-Rose, le monde formulerait la réflexion que venait de lancer Madeleine, mais avec une tout autre intention. Hélas! l'opinion du monde n'était pas pour m'inquiéter longtemps; mais une invincible association d'idées surgit à la suite de ce premier froissement, et me rappela ce que j'oubliais depuis deux semaines, dans mon extraordinaire état d'illusion rétrospective, qu'Ève-Rose avait été, qu'elle était encore Mme Bressuire.

Mme Bressuire? N'étais-je pas habitué à ce qu'elle portât ce nom depuis des mois et des mois? M'apprenait-on quoi que ce fût de nouveau en me disant qu'elle possédait la fortune afférente à ce nom? Elle avait à elle les terres et les rentes d'Adolphe Bressuire, mon collègue du Conseil d'État; elle s'habillait avec cet argent; elle en vivait; elle l'apporterait dans un nouveau mariage, si elle en contractait un. C'était là de quoi intéresser un notaire, mais non pas moi. Oui, mais les mots peuvent, suivant les dispositions secrètes du cœur, revêtir un sens ou délicieux, ou indifférent, ou meurtrier; et ces quatre syllabes : « Madame Bressuire, » venaient de me causer une sorte de douleur dont je ne compris bien la nature que lorsque je me retrouvai en présence d'Ève-Rose. Au lieu de ressentir cette plénitude d'émotion douce qui avait été le charme de ma rentrée dans sa vie, je retombai dans ce que j'appelle mon état analytique. Je ne vibrais plus, je raisonnais. Je ne m'abandonnais plus, j'examinais. En revenant à Ève-Rose, je ne m'étais pas demandé si elle était exactement telle que je l'avais connue et aimée. Je me le demandais maintenant. C'était la première fois que je la voyais sans sa mère; et déjà cette nuance d'intimité, qui aurait dû me plaire, ne me plaisait point, parce que c'était une petite preuve de plus que Mlle Nicul avait cédé la place précisément à Mme Bressuire. Sa beauté, ce jour-là, était cependant plus gracieuse encore qu'à l'ordinaire. Ses yeux bleus brillaient d'un éclat inaccoutumé, le rose de ses joues s'avivait d'une flamme légère. Dans toute sa personne une animation courait, et comme une inquiétude, que je m'expliquai par la tournure de notre causerie. Toutes les phrases qu'elle me disait, discrètes à la fois et vives, contenaient autant d'interrogations sur ma vie depuis que je l'avais quittée, — soit qu'elle me demandât, enfantinement : « Goûtez-vous beaucoup le type de la beauté italienne ?... » soit que, devenue sérieuse, elle me questionnât sur mes idées : « Est-ce que vous croyez qu'on peut aimer deux fois? Mais, aimer, pour vous autres hommes, c'est un jeu. On m'a dit qu'entre vous, au fumoir ou au club, vous êtes si effrayants !... » Puis, avec un éclair de moquerie tout ensemble et une secrète angoisse dans ses jolis yeux : « Ah ! » disait-elle, « comme je voudrais lire la confession complète d'un de vous, mais de quelqu'un de bien, par exemple la vôtre, monsieur Vernantes. Madeleine de Soleure prétend que vous êtes si romanesque !... » et elle souriait. Que révélaient vingt petites phrases pareilles, sinon un désir à demi coquet, mais coquet tout innocemment, de pénétrer davantage dans la familiarité de ma vie sentimentale; et n'y avait-il pas une affreuse injustice à me dire, comme je fis aussitôt, que cette conversation n'était plus sur le ton de nos badinages d'autrefois? Ève-Rose avait maintenant quelque chose de plus dégagé dans le son de sa voix, comme une assurance dans sa pensée, une curiosité dans son regard qui révélait un commencement d'expérience des caractères et des passions. Enfin, avec la finesse plus malicieuse de toute sa personne, elle était bien réellement une jeune femme, et, cette jeune femme, j'avais toutes les raisons de la juger exquise, s'il est vrai que les hommes sont guidés dans leurs préférences par la vanité, car visiblement tout le discret manège d'Ève-Rose trahissait une délicate envie de me plaire... Eh bien! comme si un démon mauvais s'était donné la tâche de me gâter cette heure douce, tout ce qui devait me faire apprécier davantage le charme de ma petite amie d'autrefois n'eut d'autre effet que de me désorienter soudain tout le cœur. Au lieu de m'épanouir, je me sentis soudain me contracter. Un mot suffit pour expliquer cet étrange phénomène d'un soudain malaise : elle n'était plus tout à fait celle que j'avais aimée. Quand elle avançait sa main gauche en me parlant, je voyais luire l'or pâle de son anneau de mariage. Sa main n'en était pas moins fine, et nerveuse, et blanche comme autrefois. Pourtant cette bague d'or suffisait pour que ce ne fût plus la même main; c'était le symbole de toute sa personne, à mes yeux, et cette évidence m'arrachait du cœur un de ces petits cristaux, comme dit Stendhal, dont chacun est une espérance de bonheur. — Hélas! une goutte du plus pur de mon sang tombait avec le petit cristal!

Le proverbe dit qu'un malheur n'arrive jamais seul, et ce proverbe est exact, à tout le moins dans le monde des infiniment petits du sentiment. Dans une âme blessée, un rien fait blessure. Comme nous causions ainsi, Ève-Rose et moi, la grille tourne sur ses gonds, et dans la serre fait son entrée, qui? Marie de Jardes, l'amie d'autrefois; elle me reconnaît, elle sourit: « Mademoiselle, » dis-je en la saluant, et cette fois elles sourient toutes les deux : — « Madame, s'il vous plaît, » reprend Ève-Rose. « Miss Mary n'est plus miss Mary, quoiqu'elle soit toujours Mary, » ajoute-t-elle en l'embrassant. « Nous nous appelons Mme la vicomtesse de Fondettes de Saint-Remy... Je crois, ma chère, qu'il est revenu plus sauvage encore qu'il ne l'a jamais été. » Cette dernière phrase prononcée avec douceur, et surtout cet *il* tout court, mettent un baume sur la plaie que la chute du petit cristal m'a faite au cœur. J'ai de nouveau l'impression, assis entre les deux amies, que les journées heureuses de l'ancienne intimité vont revenir, d'autant plus que la toute récente vicomtesse me regarde avec ses mêmes yeux, mi-compatissants, mi-railleurs, — des yeux couleur de noisette, presque trop petits pour son blanc visage potelé. Mais non. Les deux amies causent, et je recommence à sentir que le temps a fait son œuvre et que Marie n'est plus Mlle de Jardes, de même qu'Ève-Rose n'est plus Mlle Nieul. Mme de Fondettes consulte sa confidente des petits et des grands jours sur son installation encore incomplète ; elle est précisément en train de « faire » son salon.

— « Moi, je n'ai pas eu le temps de penser au mien, » dit Ève-Rose, — et je me rappelle avoir appris par Madeleine de Soleure qu'en effet, depuis la mort de son mari, emporté en quelques jours par une fièvre typhoïde, elle n'a pas voulu remettre les pieds dans leur petit hôtel de la rue de Tilsitt ; — et elle continue, s'adressant à moi : « Nous n'étions pas installés depuis trois mois. Il y avait encore les ouvriers dans les pièces d'en bas. Vous comprendrez si j'ai eu le cœur à courir les magasins et à choisir des bibelots. Mais je m'y connais assez bien, maintenant. Dear Mary, veux-tu que je fasse tes courses avec toi? J'ai deux ou trois bonnes adresses de revendeurs dans le Marais... »

Y a-t-il une syllabe, — une seule, — à reprendre dans ce discours que j'entends encore, débité d'une voix jeune et fraîche? Certes non, pour le premier venu, mais j'ai connu Adolphe Bressuire, moi, — feu Bressuire, comme il est écrit sur les registres de l'état civil. — Et, tout d'un coup, voici qu'il cesse d'être feu pour moi. Je me rappelle qu'à l'époque où nous étions tous deux auditeurs dans le palais du quai d'Orsay, il avait déjà la plus rare entente de l'ameublement, tel que la mode le pratique aujourd'hui. Un des premiers, il a recherché les broderies des vieilles étoles, les objets japonais, tout ce bric-à-brac qui transforme en musée un coin de boudoir. Il y avait dans Bressuire un flair de commissaire-priseur et aussi un sens d'artiste. Nos camarades lui confiaient parfois le soin de leur aménager un « home » élégant, et il se prêtait à ce travail avec une complaisance joyeuse. Cela l'amusait de draper une portière, d'enjoliver la physionomie d'une chambre. Qu'il eût essayé de donner son goût du bibelot à sa jeune femme, dès les premiers mois de son mariage, quoi d'étonnant? C'était Sa Femme, l'être à côté duquel il se préparait à passer sa vie. Il avait voulu façonner cet être d'après ses idées. Quoi de plus naturel? Oui, mais quoi de plus naturel aussi que ma souffrance, à moi, s'éveillât devant cette trace même légère de l'influence d'un autre sur celle que j'avais aimée, au temps où elle n'avait encore rien de déterminé dans son charmant esprit? Cette influence-là, même bienfaisante, n'était-elle pas une défloration? Et il y eut encore un petit cristal d'arraché au rameau caché de ma tendresse.

— « Hé quoi! » me disais-je en franchissant le seuil de l'hôtel Nieul, « serais-je donc jaloux de Bressuire? » Cette sorte de sentiment ne ressemblait guère à mes habitudes de cœur. Ceux qui sont jaloux du passé d'une femme prouvent qu'ils ne connaissent pas le fond même de la nature féminine, — cette sincérité dans la succession mobile des plaisirs et des peines, grâce à laquelle une femme peut dire sans mensonge à son dixième amant : « Je n'ai jamais aimé que toi. » Oui, sans mensonge, car elle n'a jamais aimé comme cela. J'avais été trop pareil aux femmes par l'inconstance singulière de mon imagination amoureuse durant ma première jeunesse pour penser autrement qu'elles ne pensent sur ce point délicat. Aussi n'eus-je pas de peine, en creusant plus avant mon impression, à reconnaître que je n'étais pas jaloux de Bressuire. Si la seule idée de l'existence de cet ancien camarade me donnait la fièvre, c'est que cette idée infligeait fatalement une comparaison entre l'Ève-Rose que j'avais fréquentée autrefois et celle que je voyais maintenant aller et venir dans sa robe de veuve. Ce que j'avais aimé dans la première, c'était tout ce qui se résume d'ignorance absolue, de pénombre d'âme, de mystérieux inachèvement dans ce simple terme : *la jeune fille*. Quand et comment avais-je commencé de m'éprendre d'elle ? Au lendemain de ma rupture avec la plus corrompue de mes maîtresses et parce que le contraste avait été complet entre cette douce, cette virginale enfant, et les coupables visions de mon plus récent souvenir. Et quel aliment avait nourri cet amour, si ce n'est l'initiation, du moins en rêve, au naïf, au candide univers de ses pensées innocentes ? Quand j'étais revenu, quelle cause soudaine avait déterminé une réapparition de mon ancien amour, si ce n'est l'identité des circonstances lointaines et de celles où je retrouvais Ève-Rose ? Elle était là, près de sa mère, dans la même toilette, devant son métier, avec le même regard. C'était comme si l'adorable fantôme de mon sentiment le plus pur m'eût attendu à cette place depuis mon départ, et voici qu'il me fallait constater que c'était là, en effet, un fantôme, la vaine et vide image d'une créature qui n'était plus que du passé. Je souris avec pitié en songeant combien furent petites, de plus sévères diraient puériles, les scènes qui suivirent et précipitèrent ce que j'appellerai cette décristallisation. Mais quoi ? Cet amour né parmi les chimères devait mourir parmi d'autres chimères. « Quiconque est loup agisse en loup, » comme dit l'autre. La nature, en exagérant chez moi le sens de la vie intérieure, m'a condamné à jouir et à souffrir des idées des choses plus que des choses mêmes. Comment lutter contre une nécessité d'organisation intellectuelle ? Sans doute aussi j'étais un impuissant du bonheur, comme le disait, en un français bizarre mais expressif, Madeleine de Soleure, quand je lui faisais la confidence des phases d'agonie que traversa bientôt mon sentiment pour Ève-Rose.

Mais quoi encore?... Et qu'y puis-je, sinon attendre que le temps me guérisse de cette blessure après les autres, lui qui guérit de tout, même de vivre?

Il y avait, sur une des tables de la serre où Ève-Rose continuait de me recevoir, un portrait de Bressuire placé dans un cadre d'argent ciselé. Un chiffre en émail, un E. R. B., surmonté d'une couronne de comtesse, marquait ce cadre. Instinctivement, et à chacune de mes visites, il me fallait regarder cette photographie, comme pour mieux graver dans ma mémoire ces traits que je connaissais si bien, et depuis des années. C'était, un peu vieilli et fatigué, le Bressuire avec lequel je m'étais promené très souvent sous les arcades de la cour intérieure, dans ce palais du Conseil d'État, aujourd'hui en ruines, — comme ma jeunesse! Je pouvais, en analysant ce portrait, deviner les sentiments qui passaient dans la tête de mon ancien collègue, lorsqu'il avait posé devant l'appareil du photographe. Il y avait dans ce profil comme un air surveillé, un je ne sais quoi de soigné, de convenable, de presque grave qui me reportait, par une induction invincible, aux jours où Bressuire était le fiancé d'Ève-Rose. Avec sa finesse usée, sa demi-calvitie, l'avancement léger de sa lèvre inférieure, cet homme m'apparaissait, comme s'il eût été là, vivant, dans ce petit coin du monde qu'avaient dû embaumer en ces temps-là les fleurs des bouquets envoyés par lui. Des gestes qui lui étaient familiers me revenaient à la mémoire; — celui par lequel il passait sur sa moustache toute blonde sa main qu'il avait maigre et fine, avec deux bagues, un anneau d'or massif et un autre garni d'un saphir et de deux brillants; — celui encore par lequel il élevait cette main ouverte en l'agitant doucement jusqu'à la hauteur de ses yeux. C'était chez lui le signe de la plus grande admiration à propos de la rouerie d'un homme, de la beauté d'une femme ou du prix d'un objet de curiosité. Il avait toute une histoire, ce petit geste, qui était, lors de notre entrée au Conseil, celui d'un méridional, notre camarade. Bressuire s'en était tellement moqué, en l'imitant, qu'il avait fini, comme il arrive, par en retenir l'habitude. A deux ou trois reprises, j'observai chez Ève-Rose un geste analogue, et des misères pareilles suffisaient pour que l'étrange répulsion s'imposât plus forte. Il y a, dans le simple fait de cohabiter des jours et des jours avec un autre être, des fatalités d'imitation qui teintent nos pensées des pensées de cet être, notre accent de son accent, nos regards de ses regards, notre physiologie de sa physiologie. C'est quelquefois un atome d'influence, imperceptible, impondérable; mais je retrouvais, ou j'imaginais, cet atome dans la personne de la veuve du comte Bressuire. Et alors les moindres paroles devenaient prétexte à cette désagrégation de mon Idéal qui s'accomplissait en moi, — pour m'amener à perdre ce dernier espoir de refaire ma vie.

De petits détails se précisent entre vingt autres... Je suis dans un de mes jours de gaieté de conversation. J'ai raconté je ne sais plus quelle anecdote à Ève-Rose, elle rit aux éclats et elle dit: « C'est comme dans *Niniche*... » Je me mets à me ressouvenir qu'on donnait cette pièce au lendemain de son mariage, et je la vois, cachée dans une baignoire, auprès de Bressuire, dont le premier soin, tel que je l'ai connu, a dû être de faire mener à sa femme une existence de cocodette, à travers les petits théâtres et les cabinets particuliers. Je la vois, elle, et ses yeux étonnés et son sourire à demi honteux de pensionnaire émancipée. Combien des adorables ingénuités, pour lesquelles je l'ai aimée, s'en sont allées ainsi, dans ces salles de spectacle, tandis qu'elle prenait du bout de la pincette dorée un fruit glacé dans la boîte posée sur le rebord de la loge, que l'acteur à la mode lançait des couplets équivoques par-dessus les feux de la rampe, que les habitués des fauteuils d'orchestre applaudissaient, et que Bressuire commentait à l'oreille de sa femme et le texte et la chanson!... Peut-être cependant ma sensibilité malade souffre-t-elle moins par ces images d'une demi-flétrissure que par d'autres images, tout à l'honneur celles-là du même Bressuire. Ceci se passe durant une autre visite. Nous venons de parler d'œuvres d'art et de Rembrandt, à propos des tableaux de ce peintre qui sont au Louvre. Ève-Rose a dit : « Mes préférés à moi, ce sont les portraits de la galerie nationale, à Londres. » Elle a fait son voyage de noces en Angleterre, où sa mère a des parents. Je le sais et je la devine là-bas, assise à côté de Bressuire dans une de ces voitures à deux roues, dont le cocher est juché haut par derrière. On est si bien là, pour causer longuement, pendant que le cheval trotte sur le pavé en bois, que l'énorme ville s'étend sous sa brume bleuâtre et que l'exotisme de toutes choses avive encore la sensation de l'intimité dans le cab étroit! Et aussitôt la vaste place où se trouve le musée s'évoque à mon souvenir. J'aperçois l'escalier, la double porte, les salles sur les murs desquelles sont suspendus quelques-uns des tableaux que j'aime le mieux : ces portraits de Rembrandt en effet et le triptyque du Pérugin, avec le grand archange du ventail de gauche, d'une suavité céleste. Bressuire, qui était bon connaisseur, a certainement montré ces peintures à Ève-Rose, celles-là et d'autres encore. Il a provoqué en elle des émotions d'art qu'elle ignorait. Il a eu les prémices de ses rêveries étonnées et charmées devant la Beauté. Je me souviens si bien que son éducation de Parisienne l'avait laissée parfaitement incapable de distinguer un Titien d'un Botticelli! Ah! ce premier frisson d'une âme de femme, née pour le culte de toute noblesse, en présence des chefs-d'œuvre du génie, comme j'en envie et l'éveil et le spectacle à celui qui est mort pourtant, mais dont l'esprit en un certain sens a marqué pour toujours cet esprit! Et machinalement je me répète quatre vers du poète Sully Prudhomme à une fiancée absente. Ils me plaisaient tant, ces vers, aux jours où j'aimais Ève-Rose encore jeune fille :

Tu t'assiéras, l'été, bien loin, dans la campagne,
En robe claire, au bord de l'eau.
Qu'il est doux d'emporter sa nouvelle compagne
Tout seul dans un pays nouveau !

Qu'il peut tenir d'émotions indéfinies dans la mélodie d'une strophe !

Ce travail intérieur de ma pensée en train de décomposer mon amour, morceau par morceau, n'allait pas sans qu'Ève-Rose aperçût qu'il se passait en moi des phénomènes pour elle inexplicables. Je lui rendais visite et je la rencontrais assez souvent pour qu'elle pût deviner qu'entre chacune de ces entrevues quelque chose en moi s'était déplacé. Quelquefois je lui parlais à peine ; — ou bien j'affectais dans ma causerie un ton de persiflage qui me faisait moi-même souffrir ; — ou bien j'étais, au contraire, plus attentif auprès d'elle que jamais. Sans y prendre garde, je me conduisais exactement comme si j'avais suivi un plan pour me faire aimer. Mais non, j'obéissais simplement aux passages de mon être intime, aux allées et venues dans mon imagination de tant d'idées meurtrières. Elle supportait mes accès d'impatience et elle recevait mes attentions avec cette égalité d'humeur qui semblait ne devoir jamais la quitter. Par instants, une tristesse passait dans ses beaux yeux et d'autres fois un étonnement. A mesure que je pénétrais davantage dans son caractère, je reconnaissais que sa faculté principale était un amour profond de l'équilibre qui devait la conduire à une acceptation sereine de toutes les circonstances où la destinée la jetterait. Elle ne pouvait pas connaître la révolte. C'était justement ce trait adorable de sa nature qui me faisait le plus de mal. Je me rendais compte que son mariage avec Bressuire s'était certainement accompli sans lutte, et aussi que, durant cette année de vie commune, elle n'avait pas été malheureuse. Si elle avait conservé de moi un souvenir tendre, cette tendresse n'avait pas dû aboutir à de la nostalgie. Pour Ève-Rose, l'impossible n'était jamais l'objet d'un désir, et, comme elle voyait en toutes choses les côtés excellents, elle avait certainement reconnu et goûté les qualités de son mari. Hé bien! il est effrayant de voir avec quelle souplesse de vipère l'égoïsme se glisse parmi nos plus délicats sentiments; après avoir, lors de mon premier départ, sacrifié mes espérances d'amour à l'espérance du bonheur d'Ève-Rose, j'étais irrité jusqu'à la colère que, dans son mariage, elle n'eût pas rencontré le malheur. Pareillement, après l'avoir aimée dans le monde, et peut-être parce que sa jeune grâce se mouvait dans un décor d'élégance tendre, je ne lui pardonnais pas de se complaire dans les relations que ce monde comporte. Je lui en voulais d'avoir épousé un homme de sa société, comme je lui en voulais de recevoir ceux qu'elle recevait, les ayant vus dans la compagnie de son mari. En un mot, j'en étais arrivé, après quatre mois de malaise, à la minute où plus un cristal ne demeure attaché à la branche intime. Après avoir cherché une par une mille raisons de la moins aimer, je finissais par n'en plus découvrir une seule pour l'aimer.

Mon orgueil trouve une misérable consolation à songer que, dans ma dernière visite à l'hôtel Nieul, du moins mon atroce mouvement d'humeur eut une apparence de raison. Il y avait là cet affreux Saint-Luc, avec son allure d'éléphant, son gros rire, sa tenue de cocher anglais, qui doit au scandale de sa première aventure galante une véritable situation de monde. Il était assis sur une des deux chaises à bascule de la serre, son chapeau placé sur le tapis, et il frappait le sol du bout de sa canne, bien régulièrement, pour se balancer. Il aurait eu cette tenue chez une cocotte, et ses discours valaient sa tenue. C'était une succession de potins, comme on dit dans le vilain langage d'aujourd'hui, les uns insignifiants, les autres scandaleux, qu'Ève-Rose écoutait avec des sourires, tout en travaillant à un petit ouvrage de charité. De la laine brune traînait sur une petite table posée devant elle, et le balancement du fauteuil de Saint-Luc faisait par instant trembloter cette table, car ils étaient tout voisins, et il parlait : « Le grand marquis, » — c'est le surnom d'un de ses rivaux de vie élégante, — « le grand marquis n'ira pas loin. Il était sur ses boulets depuis six mois... Il vend son écurie maintenant... Quand je l'ai vu se mettre avec la petite d'Asti, vous vous rappelez, madame, c'était devant notre pauvre Adolphe, je vous ai dit : — « Encore un qui s'en-« fonce. » Après tout, bon chien chasse de race. Vous savez qui est son père?... » Ève-Rose le regarda étonnée. « Mais c'est une histoire vieille comme cette vieille d'Asti. Sa maman l'a menée joyeuse autrefois, mais là, très joyeuse; enfin, le marquis est le propre fils du joueur des joueurs, d'Armand Lamé, celui qui me tapait de vingt-cinq louis au cercle quand j'étais un tout petit jeune homme... » Et il continue, continue, intarissable comme la sottise et comme la médisance, et je faisais, à tous ces discours, une mine tellement renfrognée qu'il s'en aperçut, et avec une familiarité de gamin qui lui a toujours réussi : « Je vous quitte, madame, votre ami Vernantes me fait peur avec ses yeux sévères... Vous ne m'enverrez pas de témoins, » ajoute-t-il en s'adressant à moi, « si je vous répète le mot qu'une jolie femme a fait sur vous l'autre jour : — C'est don Quichotte, élève de Schopenhauer. Demandez le nom à Mme Bressuire, elle était là... » Et il nous quitte. Quand je songe que je l'ai vu chez sa mère, dans son costume de barbiste, les jours où il sortait de sa « turne, » comme il appelait son collège, et qu'il est l'auteur de la perte d'une des plus délicieuses femmes que j'aie peut-être connues !

— « Ne cherchez pas si loin, » fit Ève-Rose, aussitôt que nous fûmes seuls. « C'est notre Mary qui a dit cette innocente malice ; mais savez-vous ce qu'elle prétend, notre Mary ? Que vous êtes fâché contre nous. Est-ce vrai ? »

Sa voix s'est adoucie encore pour me parler. Elle a reculé sa table et son ouvrage, et posé ses coudes sur ses genoux. Elle appuie son menton contre ses mains jointes, et elle me regarde avec ses yeux bleus d'une si ingénue transparence. Non, décidément, il ne reste plus un cristal au petit rameau, car je n'éprouve que de la contrariété à cette amicale question, et je lui réponds :

— « Fâché contre vous, non, mais à propos de vous, quelquefois. Quand je rencontre, installés chez vous, des imbéciles et des grossiers comme Saint-Luc, j'avoue que je tombe dans un de mes accès de misanthropie. »

— « Il faut bien cependant, » répond-elle avec une voix un peu émue, « que j'accepte mon monde. » Et tout de suite, avec une mutinerie enfantine : « Saint-Luc ne m'ennuie pas plus qu'un autre ; il est bon garçon, il est gai, et puis il n'est pas boudeur... »

Elle rit en prononçant ces derniers mots. Visiblement, elle désire que cette petite explication s'achève en plaisanterie. Et cela encore m'irrite. Pauvre Ève-Rose ! Avec ce caractère-là, j'aurais décidément fait un odieux mari. Je prends mon accent le plus désagréable pour répliquer : « C'est que je suis plus fier pour vous que vous-même... » Le ton de cette phrase est sans doute très dur, puisque dans les yeux d'Ève-Rose il passe une douleur, et simplement : « Vous me faites beaucoup, beaucoup de peine, » dit-elle en reprenant sa laine et son crochet. Ses yeux brillent, ses joues sont brûlantes. Elle est partagée entre un accès de colère contre mon injustice et peut-être une envie de pleurer. Et tout cela me laisse affreusement sec. Je ne me dis pas que je n'ai point le droit de tourmenter cet être charmant, ni que cette évidente émotion atteste tout autre chose que de l'indifférence. Nous demeurons ainsi, sans nous parler, quelques minutes. Je sens sourdre en moi cette inexplicable méchanceté de l'homme qui le pousse à faire souffrir quand il souffre. J'ai du moins la délicatesse d'avoir honte de moi-même ; je me lève. « Quand vous reverrai-je ? » fait-elle. — « Quand je serai plus sociable, » lui répliqué-je, — et je n'y suis pas retourné. A quoi bon me démontrer une fois de plus combien elle est aimable, et combien je suis incapable de l'aimer ?

Sur le morceau de page resté blanc, Vernantes avait griffonné une dizaine de fois nerveusement : — Mme Bressuire, — et sur le feuillet d'en face il avait épinglé, sans doute une année plus tard, la lettre de faire part du mariage de la comtesse Bressuire avec M. de Jardes, — le cousin ou le frère de Marie? — Peut-être Ève-Rose, si elle avait lu ces pages, serait-elle venue à la messe du bout de l'an de ce pauvre garçon qui lui avait donné, après tout, ce que son âme usée pouvait donner de meilleur : — sa rêverie.

Néris, juin 1884.

III

La Comtesse de Candale

A FLORIMOND DE BASTEROT.

LA COMTESSE DE CANDALE

C'ÉTAIT dans le petit salon d'un hôtel privé, rue de Tilsitt, pas bien loin de l'Arc de Triomphe. Deux femmes y travaillaient à de menus ouvrages, l'une tricotant avec un crochet d'écaille blonde une couverture en laine grise, destinée à quelque œuvre de charité, — l'autre parfilant une frange fixée par des épingles sur un étroit tambour revêtu de drap vert. La nuit de janvier enveloppait Paris de ce vaste silence de neige qui rend plus tiède et plus heureux un asile comme celui-là, où le feu répand une douce chaleur, où les lampes jettent une lumière tendre à travers l'étoffe nuancée des abat-jour, où les tapis et les tentures assourdissent les moindres bruits, où la bouilloire chante paisiblement au-dessus de la petite lampe à flamme bleue, tandis que les tasses, l'assiette des tranches de citron et les gâteaux dorés attendent sur le plateau de porcelaine. Les deux femmes qui travaillaient ainsi, tout en causant, dans l'intimité de ce petit salon et de cette heure, portaient et portent encore des noms également célèbres dans les fastes de la France militaire. L'une s'appelait madame la duchesse d'Arcole, et l'autre madame la comtesse de Candale. Par extraordinaire, ces deux sœurs sont aussi deux amies, et qui s'adorent autant qu'elles se ressemblent peu. La duchesse est grande, avec un teint pâle, des yeux noirs d'une gaieté tranquille, une physionomie italienne qu'elle doit à leur mère, une Branciforte de Milan. La comtesse est petite et frêle, avec des cheveux blonds, des prunelles d'un bleu vif qui deviennent aisément fixes et dures, et quelque chose dans son profil qui rappellerait l'oiseau de proie, si une pureté presque idéale de tout ce visage n'en corrigeait le caractère aigu. Les deux sœurs sont nées Candale, de la branche cadette de cette maison, rendue fameuse par le grand maréchal Louis de Candale, le favori de Henri II, le compagnon de François de Guise, l'ami et le rival de Montluc... Quel nom redoutable à porter que celui de cet homme qui a terminé dans les férocités des guerres religieuses une existence illustrée par tant de hauts faits accomplis dans les guerres étrangères! L'histoire ne sait, en pensant à lui, si elle doit le détester ou l'admirer, lui tresser une couronne ou l'attacher au pilori. A vingt ans, Louis de Candale fut laissé pour mort à Pavie, après avoir failli sauver le roi François Ier; à soixante ans, il a fait brancher d'un coup six cent cinquante huguenots, pris à Jonzac, dans la Saintonge. — En 1529, et à peine remis de ses blessures, il s'est chargé de porter un message secret du roi de France au sultan Soliman; il a traversé l'Europe à travers des dangers inouïs, et, aussi bon diplomate que brave soldat, c'est grâce à lui que les Turcs entreprirent cette année-là leur marche sur Vienne, qui força Charles-Quint à signer la paix de Cambrai. Près d'un demi-siècle plus tard, ce même héros, passant à cheval avec ses gens d'armes le long d'une route de Guyenne, entendit des protestants chanter les psaumes dans une grange qui leur servait d'église. Il la fit barricader et voulut y mettre le feu, le premier, de ses vieilles mains qui avaient si noblement servi le pays. Et c'était ce sauvage maréchal de Candale, ce pendeur, ce brûleur, ce bourreau, qui avait commandé la charge de Cérisoles, défendu Metz avec le grand Guise, et qui était entré dans Calais à la tête de l'armée de délivrance! Lors de la Saint-Barthélemy, ce terrible homme fut plus terrible encore. Depuis l'assassinat de son cher François de Guise, il ne connaissait plus de pitié. Reconnaissable à son œil crevé et à une affreuse balafre qui lui coupait le visage en deux, il avait tué toute la nuit, sans se reposer, épouvantant même ses compagnons de fanatisme. Puis il s'était retiré dans un couvent sur la frontière de la France et de cette Italie où il s'était tant battu, et il y était mort comme un saint.

Dans le petit salon de l'hôtel moderne que l'héritier de ce formidable aïeul, le comte Louis de Candale actuel, a fait construire, d'après le style anglais, avec un escalier de bois et toutes les minuties du confort le plus raffiné, les souvenirs du maréchal sont épars de tous côtés, attestant chez la jeune femme de trente ans, dont ce coin est le lieu de prédilection, un culte passionné pour cette mémoire tragique. Et de fait, tandis qu'Antoinette, son aînée, épousait le petit-fils d'un maréchal de Napoléon, Dupuy, duc d'Arcole, un des plus riches et un des plus distingués parmi les officiers de la jeune armée, Gabrielle, la cadette, a voulu à tout prix se marier avec son cousin Louis, parce que ce dernier était pauvre et qu'elle avait, elle, une grande fortune. Louis était un gros et lourd garçon, réputé stupide même dans son monde, beaucoup plus allemand que français, par son allure et sa structure. — Un Candale a épousé une Wurtembergeoise pendant l'émigration. — Il n'avait aucune ambition haute, pas d'avenir. Gabrielle savait tout cela, et elle a préféré cet homme qu'elle n'aimait pas, à un frère du duc d'Arcole, aussi spirituel, aussi fin que Louis l'est peu, — simplement parce que ce dernier était le chef de la famille, le représentant du grand homme. Dans la personne de ce triste fiancé elle épousait ce grand homme. Son roman, à elle, c'était le désir d'avoir un fils de cette race de héros, dont elle ferait un soldat, — un fils du pur sang des Candale, capable de recommencer l'ancêtre dans les temps nouveaux. Par

Ce soir d'hiver, elle parle encore à sa sœur de ce fils qu'elle n'a pas eu. — « Ah ! » dit-elle, « tu ne sais pas quelle tristesse j'éprouve à songer qu'un nom comme le nôtre va disparaître pour toujours !... » Et elle regarde avec une infinie mélancolie le buste du maréchal sculpté par Jean Cousin, qui se dresse sur un piédouche au fond du petit salon. C'est précisément sous ce buste de marbre que chante la bouilloire et que le plateau du thé se trouve posé sur sa table ronde, — symbole du contraste singulier qu'offre cette pièce, aménagée à la parisienne et en même temps peuplée des reliques du tortionnaire du seizième siècle. Avec sa paupière abaissée, les plis de ses joues, la cruauté de sa bouche, ce masque de marbre fait frissonner. On y devine la volonté invincible, l'habitude quotidienne du danger, l'ardeur fixe du fanatisme, les farouches passions d'un âge de fer; — et la bouilloire chante à côté de lui, tout doucement. Il y a sur les murs des étoffes de soie, tendues à la mode d'aujourd'hui, avec des couleurs passées, comme il sied au goût d'une époque où les sens à demi épuisés n'apprécient plus que la nuance, — et puis, en trophées, dans un coin de cette chambre, dont le ton caresse l'œil, se dressent quatre épées ayant appartenu au maréchal. Son portrait est posé sur un chevalet que drape une autre étoffe. C'est une petite toile peinte par un artiste florentin resté inconnu, sans doute après Cérisoles. Le maréchal a quarante ans sur ce portrait; — en cuirasse, la tête nue, il s'appuie sur une épée à deux mains, devant un écuyer noir qui tient son casque par derrière, et il a dans ses yeux bleus le même regard que la jeune femme qui a disposé la toile sous le jour d'une lampe garnie d'un réflecteur... Là, tout près d'elle, sur le mince bureau de bois de rose abrité d'un paravent minuscule, au milieu des brimborions dont elle se sert pour écrire, entre le numéro de la Revue de quinzaine et les billets d'invitation préparés pour un grand dîner, elle a toujours un portefeuille qui contient les lettres de la reine Catherine de Médicis adressées à son grand exécuteur des hautes œuvres, à l'implacable maréchal. Il lui arrive de les manier, ces papiers anciens, avec ses doigts où brillent des saphirs et des turquoises. Elle déchiffre des mots tracés avec l'orthographe d'autrefois, qui renferment des instructions pour la besogne de terreur dont fut chargé Candale. Ses narines frémissent, l'amazone qui dort dans la Parisienne d'aujourd'hui se réveille à l'odeur de sang et d'incendie que dégage ce passé atroce et grandiose où rayonne pour elle la gloire du héros qui reçut douze arquebusades au service du roi, prit part à huit sièges, à quinze batailles rangées, et fit la guerre depuis sa dix-huitième année jusqu'à sa soixante-quinzième, n'ayant quitté la cuirasse que pour la bure et le bivouac que pour la cellule.

— « Oui, » reprit la comtesse, après avoir contemplé le buste de l'aïeul, et repoussant le petit tambour de drap vert d'un air triste, « je ne peux pas me consoler de n'avoir pas d'enfants... Le croiras-tu? J'en suis venue à consulter des somnambules pour savoir s'il me naîtra jamais un fils?... Ah! ne te moque pas de moi, Antoinette; toi qui es mère, tu ne connais pas cette douleur... »

— « D'abord, tout n'est pas perdu, » répondit la duchesse en continuant son ouvrage et souriant à demi, comme une personne qui ne veut pas que la causerie tourne au sérieux, « et puis, que veux-tu, je vois un bon côté à toutes choses... Les garçons de notre classe n'ont pas déjà tant de chances d'être heureux par le temps qui court... J'aime bien mon fils et je suis toute fière de l'avoir, mais crois-tu qu'il ne me prépare pas des inquiétudes horribles?... Il sera soldat, comme son père, comme son grand-père... Il fera campagne... Et j'éprouverai de nouveau les angoisses que j'ai connues quand mon mari était au Tonkin, ces deux années-ci... Bien m'en a pris d'avoir adopté une fois pour toutes le principe d'espérer quand même... Te souviens-tu, quand nous partions pour le bal et que chère maman nous disait : — « Amusez-vous, « vous ne vous amuserez pas plus jeunes... » Tiens, raconte-moi plutôt qui tu as vu chez les Rabastens, hier au soir... »

— « C'est cette soirée qui m'a plongée dans des idées sombres, » fit l'autre; et elle ajouta, presque à voix basse : « J'y ai rencontré Mme Bernard. »

— « Pauvre Gabrielle, » dit Antoinette, gravement cette fois, « tu es jalouse... »

— « Oui, je suis jalouse, » reprit Gabrielle avec exaltation, « mais pas comme tu crois..., non, pas d'elle... Qu'est-ce que cela me fait que cette femme ait été la maîtresse de mon mari avant notre mariage, et même depuis, à ce que me donnent à entendre nos bonnes amies?...

Est-ce que tu t'imagines que je l'aime encore, mon mari?... Ah! quand je l'ai épousé, il y a dix ans, avec mes rêves de jeune fille enthousiaste, je le savais plongé dans les médiocrités de cette existence de club et de sport que mènent les gentilshommes d'aujourd'hui; je le savais ignorant, inactif, dénué de tout ce que j'estime dans un homme, de tout, excepté de bravoure. Il s'était bien battu pendant la guerre, et je me disais qu'avec un homme brave, il y a toujours de la ressource. — Je me sentais une telle flamme au cœur, je nourrissais un culte si passionné pour le nom qu'il portait, comme nous, et dont il est maintenant le dernier représentant, que j'ai espéré quand même, moi aussi... J'ai pensé que je susciterais en lui je ne savais quoi, mais une noblesse, une énergie... Va, j'ai mesuré aujourd'hui ce qu'il tient de fiertés vraies dans cette triste nature... Rien, entends-tu, rien, rien, rien... Des goûts de cocher pour ses chevaux, des besoins d'argent pour sa bourse de jeu, des galanteries de-ci, de-là, pourvu qu'elles ne dérangent pas son égoïsme... S'il a aimé Mme Bernard, c'est que l'intrigante lui a rendu sa maison commode. Elle est folle de Snobisme. Elle était fière d'avoir un Candale pour amant, et elle s'en est servie pour forcer la porte de quelques salons de notre monde, où elle ne serait pas entrée toute seule... Tant pis pour le Candale, tant pis pour notre monde et tant mieux pour elle... Ah! ce n'est pas cela qui me rend la vue de cette femme insupportable... Je la méprise trop pour en souffrir... »

Deux larmes coulèrent des yeux de la comtesse, tandis qu'elle achevait cette dernière phrase. Sa sœur, qui les vit, déposa son ouvrage et le peloton de sa laine, où elle avait piqué son crochet; puis, gracieusement, elle vint se mettre à genoux devant l'autre, et elle commença de l'embrasser en lui disant : — « Sœurette, sœurette, vous n'êtes pas sage... Vous vous exaltez pour quelque idée folle... Vois, nous sommes si heureuses ici, toutes deux seules... Nous pourrions passer une si bonne soirée... Que te manque-t-il, tu as ta sœur pour te gâter, et jusqu'au vilain buste du vieux maréchal pour y faire tes dévotions, » ajouta-t-elle en riant tout à fait, afin de forcer l'autre à sourire aussi; mais la comtesse ne sourit pas à cette innocente taquinerie, elle rendit un baiser à sa consolatrice et elle reprit : — « Non, ma douce, tu sais bien que je ne suis pas folle, et tu me comprends, quoique tu fasses quelquefois semblant que non, pour m'arrêter... Je ne suis pas une femme de ce temps-ci. Voilà tout. Si je ne croyais pas à la suprême sagesse de Dieu, je dirais qu'il s'est trompé en me faisant naître dans un siècle où les nobles ne sont plus des nobles, mais seulement des gens riches dont le nom sonne mieux... Cette Mme Bernard, dont nous parlons, elle a sa loge à l'Opéra, comme toi et moi, son hôtel, ses chevaux, comme nous. A cette heure-ci elle porte une robe de dentelle, comme la tienne et la mienne. Elle a, autour d'elle, le même décor banal de bibelots et de peluche... Mais ce qu'elle n'a pas, c'est ce que tu appelles, toi, ce vilain buste, c'est un héros parmi ses aïeux, c'est le souvenir des Candale qui ont versé leur sang pour leur roi sur tous les champs de bataille d'Europe, ce même sang, » ajouta-t-elle en montrant les veines bleues de sa main fine. « Ah! de bonne heure j'ai senti cela, que nous étions d'une race différente des autres, et je lui ai voué, à ce noble sang des Candale, une dévotion, comme tu l'as dit, une religion... »

— « Et tu trouves que Louis a manqué à cette religion en aimant Mme Bernard? » interrompit la duchesse, qui connaissait trop les emportements de sa sœur pour ne pas s'obstiner à lutter contre une de ces crises de sensibilité que la comtesse expiait ensuite par d'horribles migraines... « Mais l'homme au vilain buste, — non, décidément, il est trop laid pour moi avec sa balafre, — pardon, le sublime maréchal, en a fait bien d'autres, et Brantôme raconte sur lui deux ou trois histoires peu édifiantes, avant qu'il ne s'en allât dans une montagne demander pardon de ses péchés... Et puis, veux-tu que je t'avoue humblement une faiblesse? Ces temps héroïques où l'on brûlait et où l'on pendait pour un oui, pour un non, où l'on vous pistolait, daguait, arquebusait à tous les coins de rue, c'est très beau; mais j'aime encore mieux vivre à une époque où Mme Bernard vend avec des duchesses, et où l'on ne met pas le feu aux églises pour brûler les gens qui sont dedans, sous prétexte qu'ils prient Dieu à leur manière. »

— « Tu te trompes, » répondit la comtesse tristement; « encore une fois, ce n'est pas Mme Bernard qui me fait souffrir..., » et, avec un invisible effort, elle ajouta : « c'est l'enfant. »

— « Quel enfant? » demanda l'autre.

— « Le fils que Louis a eu de cette femme, » fit Mme de Candale.

— « A ton âge !... » répliqua la duchesse avec son joli sourire et en haussant ses belles épaules, « tu crois encore à ces potinages du monde sur les enfants adultérins. Mais, bête, il n'y a qu'une mère qui sache de qui est son fils, et elle ne va pas le dire, n'est-ce pas? Alors, qui le raconte? Un amant qui se vante? Une rivale qui calomnie? Moi, j'ai pris le parti de faire comme la loi, je ne connais qu'un père, et c'est le mari. Comme cela, on a encore plus de chances de tomber juste. »

— « Tu n'as donc jamais regardé celui-là? » dit la comtesse; et se levant pour détacher du paravent qui se repliait contre le bureau une miniature appendue parmi cinq ou six autres, elle vint la tendre à sa sœur. « C'est le portrait du père de Louis à six ans. Reconnais-tu le petit garçon de Mme Bernard? Sont-ce bien les mêmes traits, le nez, la bouche, les yeux surtout? La ressemblance a sauté une génération... Et quelle ressemblance!... Je l'adore, moi, cette miniature, justement parce que c'est la vraie physionomie des Candale qui est fixée là. Te souviens-tu comme le vieux comte ressemblait à l'ancêtre, quand il avait cinquante ans?... Hé bien! le petit Bernard, quand je l'ai vu pour la première fois, c'était cette miniature vivante. Ah! je ne m'y suis pas trompée; je savais qu'on avait beaucoup parlé de la liaison de Louis et de Mme Bernard; tout de suite je me suis dit : c'est son fils. — Les mêmes bonnes amies ont pris bien garde de me renseigner depuis, mais je n'avais pas besoin de leur obligeance. J'en savais plus qu'elles... D'abord, cela m'a un peu attristée, j'ai toujours trouvé si mélancolique le mensonge dans lequel vit et grandit un pauvre petit être qui ne dira jamais : mon père, à son vrai père; et pour ce vrai père, ce doit être si navrant, et si cruel pour la mère !... »

— « Bah, » fit la duchesse, « la mère l'oublie, le vrai père est trop content d'être débarrassé de l'enfant, celui-ci n'en sait rien, le faux père non plus, et l'on vit tout de même... C'est tellement plus simple, la vie... »

— « Cela dépend de la façon de sentir, » reprit Mme de Candale. « Les années passèrent; je restai, moi, sans enfants. Ce fils que je désirais si passionnément, ne vint pas. C'était cependant le désir fixe auquel aboutissait chacune de mes pensées. J'en rêvais toujours, ici surtout, dans cette espèce de petite chapelle privée que j'ai faite aux reliques de notre grand ancêtre et des autres Candale qui ont été dignes de lui. Et à travers ces rêveries, un étrange sentiment naquit en moi. Oui, je rêvais de ce fils tant souhaité, tant regretté. Je le voyais en imagination, comme s'il eût été là, et toujours avec les traits, les gestes, les yeux surtout, les tours de tête de ce petit garçon que je croyais être de mon mari... Bien souvent il m'est arrivé d'éprouver le besoin de voir cet enfant en réalité, comme je l'évoquais dans ma pensée. J'allais aux Champs-Élysées, à pied, dans l'allée où je savais qu'il jouait, et à l'heure de sa promenade, afin de rassasier mes yeux de cette ressemblance avec ceux de notre race, qui m'était pourtant une torture. Il était si beau avec ses boucles fauves, si aristocratique dans ses moindres mouvements, si Candale enfin !... Et puis je me répétais qu'il était né Bernard, qu'il grandirait Bernard, qu'il aurait l'éducation d'un Bernard, que Bernard il vivrait, Bernard il mourrait. On me l'avait volé à moi, qui aurais si bien su l'élever d'après son sang ! Je n'aurais su dire si je l'adorais ou si je le haïssais, tant les sensations que m'infligeait sa présence étaient à la fois douces et cruelles. Il faut qu'elles aient été très fortes, puisqu'elles ont failli m'amener au crime... »

Ces dernières paroles avaient été prononcées avec un si âpre accent de vérité, que la rieuse duchesse ne songea plus à rire. Elle ne chercha pas, comme tout à l'heure, à ramener sa sœur vers une conversation plus douce et plus raisonnable aussi. Elle avait toujours eu comme une peur involontaire de l'influence que la légende du vieux Candale exerçait sur cette âme, ardente dans ses sentiments jusqu'à la maladie. Elle eut un petit frisson et ne répondit rien. Il se fit dans la chambre un de ces passages de silence que Mme d'Arcole avait l'habitude enfantine de rompre par une phrase de leur mère l'Italienne : « *Nasce un prete*, il naît un prêtre. » Mais elle ne se livra pas à cette plaisanterie qui leur rappelait, à toutes deux, leur existence de petites filles. Elle avait le cœur serré, et elle attendit que l'autre continuât son récit qui tournait tout d'un coup à la confession.

— « Tu te souviens, » reprit cette dernière, « que nous avons passé quinze jours, cet automne, au château des Gauds, chez les Corcieux? Cette excellente Laure, en vraie baronne de la Gaffe, comme tu l'appelles, avait invité les Bernard dans la même série que nous, et, avec les Bernard, l'enfant est venu. Toi qui me connais, tu dois juger si j'ai eu l'idée de faire boucler mes malles et de m'en aller. Je ne le pouvais pas, à cause de Louis. Je ne suis pas pour les demi-mesures. Le jour où je dirai : « Je sais « tout, » je le quitterai pour ne plus le revoir. Tant que je reste sa femme et que je vis avec lui, je ne sais rien... Ce que fut mon supplice pendant ces deux semaines, je renonce à te le dire. Cet enfant a onze ans aujourd'hui. L'as-tu revu depuis quelque temps? Non. Je te le peindrai d'un mot : il ressemble, et plus que jamais, au fils que j'ai tant désiré! Je le voyais aller et venir, le matin, le soir, fier et hardi comme un petit aigle, joli comme un page, des pieds et des mains comme toi, chérie, et ce gros Bernard, ce richard balourd, qui vit sur les millions que lui a gagnés son père, l'industriel, dont il a la bassesse de rougir, qui faisait le paon autour de cette fleur d'aristocratie. — Mon fils Alfred! — Il répétait ces mots avec des airs de contentement, des infatuations, une outrecuidance!... Et la mère?... Mais j'aime mieux ne pas t'en parler, je deviendrais vilaine. Il n'y avait pas jusqu'à Louis qui, persuadé de mon aveuglement, ne m'épargnât aucune des petites piqûres qui pouvaient exaspérer mon envie. Quand il regardait le petit garçon, quelque chose passait sur sa physionomie qui me révélait ce que j'aurais pu faire de lui, si j'avais eu, moi aussi, un fils à lui montrer, pareil à celui-là, et c'était en moi une souffrance, insensée peut-être, tu diras sans doute indigne, car c'était de l'envie, après tout; mais qu'y faire? Ce qu'il y a de certain, c'est qu'à présent je ne doutais plus de mon sentiment pour cet enfant. Je le haïssais! Je l'aurais voulu malade, chétif, commun au moins, et que l'exécrable milieu où il vivait déteignît sur lui. Ah! on ne connaît pas quelle meute de mauvais instincts on porte dans son âme, tant que l'occasion ne l'a pas déchaînée... Une après-midi qu'il faisait très chaud, comme au mois de juin, et que tous les habitants du château étaient dans leur chambre à finir leur correspondance, je montai, moi, sur la terrasse d'en haut, d'où l'on a une vue si large sur la Loire et la campagne, et qui est abritée du soleil, à cette heure-là, par l'ombre d'une espèce de petit beffroi. J'y venais souvent pour m'isoler des autres, qui ne se souciaient guère de grimper tant de marches. En débouchant sur cette terrasse, déserte d'ordinaire, j'aperçus une forme humaine couchée sur le parapet... C'était Alfred qui s'était mis là pour lire, puis qui s'était endormi, le coude ployé sur son livre ouvert. Le parapet est large, mais au-dessous, c'est un mur à pic, une profondeur d'abîme, et, au fond, le rocher sur lequel est bâti le château. Il dormait aussi paisible que s'il eût été étendu dans son lit, d'un doux et heureux sommeil. Je voyais son visage en profil perdu, avec cette ressemblance que je haïssais si profondément... Le croiras-tu ? Une pensée atroce s'empara de moi... A cette minute, et tandis que j'écoutais sa respiration si calme monter dans le silence de cette terrasse isolée, je réfléchis que je n'aurais qu'un geste à faire, un seul petit geste, et j'étais délivrée à jamais de l'obsession que m'avait causée cet être, j'étais vengée de tant de douleurs, je ne verrais plus ces traits dont la délicatesse m'avait fait si mal, je sauverais le sang des Candale d'une promiscuité odieuse... Oui, rien qu'un geste... Je poussais l'enfant, il roulait dans le gouffre ouvert à côté de son sommeil... Qui le saurait ?... Je le haïssais d'une si forte haine, et c'est si naturel de souhaiter anéantir ce que l'on hait !... Ah ! comme il s'en est fallu de peu que je n'agisse ! Combien j'ai été voisine du meurtre ! Combien j'ai senti s'agiter en moi l'âme violente de celui-là... » Et elle montrait du doigt le portrait du maréchal. « Je fus si tentée, que je me jetai à genoux, là, sur la pierre de la terrasse, et j'ai prié. Combien de temps, je l'ignore. Puis, je me suis levée, et j'ai marché vers l'enfant endormi... Je l'ai réveillé avec des précautions infinies, toute tremblante maintenant qu'un faux mouvement ne le précipitât. Pauvre petit ! En ouvrant les yeux, il me sourit, et il s'écria : — « Comme vous êtes « pâle ! — J'ai eu si peur pour vous, » lui répondis-je. — « Peur de quoi ? » fit-il. Je lui montrai le grand espace vide au-dessous du parapet. — « Moi, je n'ai peur de rien, » me dit-il fièrement ; et comme il reprenait son livre : — « Que lisez-« vous ? » lui demandai-je. — Il me tendit le volume. C'était une histoire de l'Empereur. — « Vous l'aimez ? » lui dis-je. — « J'aime tout « ce qui est militaire, » fit-il avec un beau regard, le regard que j'aurais voulu à mon fils. Alors je l'ai pris dans mes bras, en fondant en larmes... Ah ! sa vraie mère ne l'a jamais embrassé comme cela... »

Elle se tut. La duchesse avait, elle aussi, des larmes dans les yeux, et la bouilloire continuait de chanter doucement sur la petite table que dominait le buste de marbre du tragique vieillard. « Allons, ma douce, » reprit Mme de Candale qui vit que son récit avait bouleversé sa sœur, « il faut que ce soit moi qui t'égaie maintenant... Laissons mes folies, et prenons le thé... »

Gérardmer, octobre 1886.

IV

La senorita Rosario

A ÉMILE MICHELET.

LA SEÑORITA ROSARIO

JE me trouvais voyager en Espagne, l'été dernier, et je m'arrêtai à Cordoue, afin de visiter la fameuse cathédrale. Je me vois encore, m'acheminant le long de la rue du Grand-Capitaine, sous un soleil brûlant, et je maudissais l'espèce de déraisonnable conscience qui nous force de voir, dans un pays, tous les monuments inscrits sur le guide. Le ciel se développait comme une coupole de saphir. A peine s'il courait, au bas des maisons closes, une ligne d'ombre. A travers les grilles en fer forgé des portes, j'apercevais, de place en place, une cour intérieure garantie du soleil par une toile tendue, avec des colonnettes et des massifs de plantes disposées autour d'un jet d'eau. Mais toutes ces cours étaient vides, à cette heure de la sieste, comme les rues, où je ne rencontrais qu'un âne gris, de loin en loin, chevauché à la manière arabe par un grand diable de paysan andalous, à visage couleur de cigare, qui balançait son torse sur la croupe de la bête, les pieds soutenus par deux paniers remplis d'oranges. A Séville, on a un proverbe pour définir ces journées de calenture : « Il n'y a dehors, » disent-ils, « que les chiens et les Français... » J'arrivai ainsi à la porte de la cathédrale, à laquelle fait face la porte de l'évêché. Comme on célébrait une cérémonie religieuse dans l'après-midi, un chemin était ménagé entre les deux portes, et, sur le mur extérieur du palais, pendaient quelques-unes des tapisseries qui font partie du trésor. Malgré l'accablante lumière, je m'arrêtai à les regarder, tout saisi par le contraste entre leurs nuances doucement passées et l'éclat du mur d'une blancheur intense. Et puis, une d'elles, qui représente le furieux combat d'un prince maure et d'un chevalier au pied de la colline de l'Alhambra, est d'une beauté de composition véritablement surprenante. Que de souvenirs elle évoquait pour moi, que de légendes de ce moment unique de l'histoire où Boabdil abandonnait Grenade, où Colomb découvrait le Nouveau Monde, où Isabelle et Ferdinand préparaient la grandeur future du terrible Charles-Quint ! Vingt images surgissaient devant les yeux de ma rêverie, héroïques et attendrissantes, tragiques et romanesques comme cette histoire elle-même, lorsque je sentis une main s'abattre sur mon épaule, et une voix bien connue m'appela par mon nom avec un joyeux accent de surprise. Je me retournai. J'étais en face d'un de mes camarades de collège, devenu un de mes camarades de vie parisienne, Henri de V***.

De telles rencontres sont fréquentes en voyage. Elles sont presque toujours insupportables, d'abord par le dérangement nécessaire qu'elles apportent à nos projets, puis à cause de la familiarité qu'elles créent entre deux touristes ainsi exilés ensemble dans une ville perdue ; enfin, parce qu'elles brisent cet enchantement de la solitude, bienfait unique des lointains vagabondages. Oui, quand les absences en terre étrangère n'auraient d'autre mérite que de nous arracher à l'odieuse misère de toute relation sociale un peu prolongée, il faudrait bénir les agences de chemins de fer et de paquebots. Que penser alors du Parisien à qui l'on se heurte sur le trottoir d'une cité presque déserte, et qui commence : « As-tu des nouvelles de Mme***? » et il continue, racontant les pertes au jeu de celui-là, les intrigues de celui-ci, analysant le livre nouveau, la pièce d'hier. — O Paris! stupide séjour!... dirais-je volontiers en parodiant la célèbre valse...

— Hé bien! on sait cela, et que dans une heure on enverra au diable l'importun qui n'en peut mais, et cependant le premier mouvement est un geste de joie sincère, car le fâcheux est tout d'abord le vivant rappel de la patrie; — et la patrie ressemble à la maîtresse que l'on aime en la critiquant, contre laquelle on est toujours à se colérer; puis sa seule pensée, quand on est loin, vous tire des larmes. — D'ailleurs, parmi tous les personnages avec qui les hasards de la route pouvaient me mettre en rapport, Henri de V*** se trouvait être un de ceux que je me sentais le plus capable de tolérer, sans trop de méchante humeur. A mon goût, il possède un charme incomparable. Il ne parle jamais que de lui-même, et par conséquent il ne me parle jamais de moi. Ces gens-là peuvent fatiguer, ils ne blessent point. L'égoïsme naïf et l'enfantine fatuité d'Henri eurent longtemps pour excuse ce qui fait tout pardonner chez les jeunes gens comme chez les femmes : une physionomie si séduisante qu'il attirait la sympathie rien qu'à paraître. Il garda, dix années durant, avec ses yeux d'un bleu tendre et ses cheveux blonds, un faux air d'avoir vingt-deux ans. Il en a trente-cinq aujourd'hui, et reste joli garçon, quoiqu'il commence à perdre ces blonds cheveux sur le devant de la tête, ce qui le désolerait, s'il ne s'était d'avance décerné un brevet d'admiration qui résistera même à la vieillesse. Il vit en parfait oisif, depuis qu'il a cru devoir au passé politique de son père, ministre sous l'Empire, d'abandonner sa place de troisième secrétaire au quai d'Orsay. Désœuvré, joli homme, riche et célibataire, c'est quinte et quatorze au jeu de la galanterie. Aussi les femmes font-elles la seule occupation d'Henri. Dans la grande comédie de l'existence, il appartient à la troupe des jeunes-premiers. L'acteur Delaunay fut sur les planches le symbole de cette race particulière qui ne donne jamais sa démission. Henri était jeune-premier à vingt ans, il l'est à trente-cinq, il le sera jusqu'à soixante-dix, quitte à teindre sa moustache, aujourd'hui couleur d'or, et à faire baleiner sa redingote ou lacer par derrière son gilet de soirée. Mais c'est un jeune-premier d'une espèce particulière, de ceux pour lesquels il faudrait créer l'expression de Jocrisses de la défiance, en pendant aux Jocrisses de l'amour de la célèbre comédie. Henri de V*** est le jeune homme qui ne veut pas être trompé par les femmes, et il a pris le parti de ne jamais croire un mot de ce qu'elles lui disent, ce qui l'a conduit, — ironie singulière, — à être tout aussi dupé que les naïfs qui croient tout. Henri a-t-il rencontré trois fois un jeune homme chez une femme de laquelle il s'occupe lui-même? Cela suffit. Ce jeune homme est l'amant de cette femme. Sa maîtresse lui raconte-t-elle qu'elle est allée dans la journée faire telle ou telle course? Il est convaincu qu'elle est restée chez elle et qu'elle le lui cache. Lui dit-elle qu'elle n'a pas quitté le coin de son feu? Le voilà persuadé qu'elle a couru tout le jour. Rien de plaisant comme les déceptions qu'un trait de véracité dûment constatée lui inflige. Pourtant il est amoureux, tout comme un autre, avec sincérité, mais il est la dupe de l'orgueilleux désir de n'être pas dupe. A Paris, je l'évite, quoique sa manie m'intéresse comme un cas; mais il me fait trop volontiers des confidences, et j'ai appris, par expérience, que les indiscrets de cette espèce vous rendent presque toujours responsables de leurs indiscrétions... Sous ce porche de la vieille cathédrale, il ne fallait pas songer à le fuir. D'ailleurs, il avait déjà passé son bras sous le mien; il m'entraînait dans l'intérieur du vaste édifice, délicieusement frais par cette brûlante après-midi. Les quinze cents colonnes de marbre de l'ancienne mosquée, frêles et supportant des arceaux coloriés en blanc et en rouge, profilaient leur forêt devant nous. Henri, qui connaissait l'endroit, pour être à Cordoue depuis plusieurs jours, avait repoussé les guides officieux; il allait, me montrant chaque détail et s'interrompant sans cesse pour me parler de ses affaires. Après dix minutes, je savais que la mosquée avait été fondée au VIIIe siècle par Abd-el-Rahman, et que lui, Henri, voyageait en Espagne pour oublier une maîtresse infidèle; que plusieurs des innombrables colonnes provenaient d'un temple de Janus, et que Laure T*** (il me la nomma, bien entendu) avait des yeux bleus, des cheveux cendrés et les âmes combinées de Dalila, de Messaline et de quelques autres monstres; que Charles-Quint s'était mis en fureur contre la chapelle gothique barbarement élevée par le Chapitre au milieu du beau temple arabe, et que Laure s'obstinait à lui écrire lettres sur lettres pour le rappeler.

— « Vois les jeux de la lumière dans ce coin d'église, et comme ce porphyre est chaud pour le regard, » — disait-il; et sans transition : — « saurais-tu m'expliquer comment une femme peut à ce point tenir à un homme sans l'aimer?... »

— « Mais si, par hasard, elle t'aimait?... » répondis-je.

— « Pas pour un reale, » fit-il en haussant les épaules. « Ce serait infini à te raconter. Si tu savais comme elle m'a menti, menti!... Enfin, j'ai rompu ma chaîne. Ah! les premiers temps, ce fut très dur... »

Il s'engagea dans la description de ses douleurs. Cette fois, il avait oublié la cathédrale, les piliers de jaspe et de brèche verte ou violette, les nefs plafonnées, les chapiteaux d'un style corinthien et arabe tout à la fois. Nous nous promenions dans ces allées de colonnettes graciles, comme dans une sorte de jardin aux végétations de marbre. Un sacristain montrait les chapelles à deux Anglais, et j'écoutais Henri coudre au récit de son malheur passé celui de sa plus récente aventure. Je lui avais seulement posé cette question :

— « Et tu n'as pas trouvé en Espagne de quoi te consoler? »

— « Si j'avais voulu!... » fit-il sur un ton plus grave. « Es-tu allé à Cadix? » me demanda-t-il.

— « Pas encore. »

— « Ah! la coquette, la délicieuse ville!... » s'écria-t-il, parlant presque à voix haute. « Imagine-toi une vaste baie, et, sur une pointe de presqu'île qui achève de la fermer, un nid de maisons blanches, — blanches à n'en pas supporter le rayonnement. Pas une ligne de verdure, mais la mer bleue ici, la mer bleue là-bas, une languette de terre pour rattacher la ville au continent, de quoi supporter deux rails de chemin de fer, et le ciel au-dessus d'un bleu plus clair. Quand je la vis ainsi, cette ville, et cette blancheur féerique entre deux gouffres d'azur, par un frais matin de printemps, les larmes me vinrent aux yeux d'admiration. Tu sais, ces larmes divines que l'on verse devant une beauté si ravissante que l'on ose à peine y croire... Je devais partir pour Tanger le jour même; je suis resté à Cadix trois semaines entières et je n'ai pas vu le Maroc. »

— « Voilà qui prouve que les Gaditanes sont aussi jolies que leur ville, » lui dis-je.

— « Elles le sont en effet, » répliqua-t-il, « et si minces, si élégantes dans ces rues étroites que surplombent des balcons vitrés qu'on appelle du nom exquis de miradores... Mais ce ne sont pas les Gaditanes qui m'ont retenu, c'est une jeune fille de Grenade qui habite Cadix depuis deux ans à peine. Elle s'appelle Rosario. Quelle habitude charmante que celle de donner aux femmes le nom de Marie en y joignant le surnom de la Notre Dame qu'elles ont pour patronne? — Comment je l'ai connue? Tout simplement. J'avais une lettre d'introduction pour un négociant américain établi à Cadix. Je l'avais portée aussitôt arrivé. Nous passâmes toute l'après-midi à courir du couvent, où se voient les merveilleux derniers tableaux de Murillo, jusqu'au quai du port avec sa population étrange de marins. Et le soir, après le dîner, mon hôte et sa femme m'entraînèrent sur la place de Mina et vers l'Alameda, tu sais, la classique promenade que chaque cité espagnole se doit de posséder. Celle de Cadix, comme tu l'aimerais, et ses palmiers, et les fleurs de son jardin en terrasse, au pied duquel palpite la mer, et sur cette mer, au loin, les feux tournants d'un phare, les feux immobiles des bateaux et le ciel toujours bleu, même la nuit, où brillent de larges étoiles! C'est là, sur cette promenade et sur la place, plantée de massifs aussi, qui l'avoisine, que toutes les femmes de la ville vont et viennent de huit heures à minuit. Et c'est là, dès ce premier soir, que je fus présenté à la señorita Rosario et à la señora sa mère... »

Il se tut, comme envahi par ce souvenir, — à moins que ce ne fût pour mieux admirer les mosaïques du sanctuaire musulman du Mihrab. Il commença de me questionner sur celles des basiliques de Ravenne que j'ai visitées, voici deux ans. Mais il revint bien vite à son sujet favori, c'est-à-dire à lui-même, et il continua:

— « Si tu vas à Cadix, je te donnerai une lettre pour mon ami, et tu verras si Rosario est divinement belle: une toute petite et frêle personne avec un teint pâle, de la chaude pâleur des femmes de ce pays-ci, éclairé par des dents si blanches et des yeux si noirs. Ah! le doux velours de ces yeux, si doux que les regarder c'est caresser son cœur à quelque chose d'infiniment tendre! Elle a un pied grand comme ceci, » et il montra sa main qu'il a lui-même nerveuse et fine, « sur sa tête une mantille, quoique ce ne soit plus guère la mode; et, dans ses cheveux noirs, cette nuit-là, elle avait piqué un œillet rose. La mère, elle, blanche de poudre de riz, en mantille aussi et en mitaines, l'air un peu, pourquoi te le cacher? de ces respectables personnes comme Goya en représente... Tu te rappelles la terrible eau-forte des *Caprices*, qui montre une jeune fille, l'éventail aux doigts, en souliers de satin, avec une robe noire qui fait mieux ressortir la pâleur de son teint? La vieille la pousse par derrière, et le peintre a écrit au-dessous: « Dieu lui pardonne, c'était sa « mère!... »

— « Je ne connais de Goya que les *Horreurs de la guerre*, et je ne les aime guère, » lui répondis-je, « c'est dessiné à la diable, fatigant de férocité, inintelligible, sauf une dizaine de planches qui sont de première beauté. »

— « Possible, » fit-il, « mais les *Caprices*!... Les *Caprices*!... Un art exquis: toute la grâce espagnole dans des corps souples, des pieds menus, des jambes fines, des visages aux grands yeux étonnés; — tout le pittoresque espagnol dans ces vieilles marchandes de chair humaine et ces garçons en train de fumer au pied d'un arbre; — toute la superstition espagnole dans ces prodigieux sabbats auxquels se rendent des morts qui soulèvent les pierres de leurs tombes; — les *Caprices!* pense donc, un fantastique du Midi, un cauchemar du pays du soleil. Edgar Poe ici, dans cette lumière!... Hé bien! Rosario semblait échappée d'une des planches de ce recueil, de la plus gracieuse, et il en est de si gracieuses à côté des terribles! Elle ne savait pas un mot de français, mais elle parlait anglais assez bien, avec un rauque et un peu sauvage accent qui me plut aussitôt, et nous nous mîmes à causer dans cette langue. As-tu jamais fréquenté des jeunes filles élevées de ce côté-ci des Pyrénées? Non!... Alors tu ne peux comprendre ce qui fait la séduction de Rosario, cette familiarité sans une nuance de coquetterie, ce naturel dans les moindres mots, dans les moindres pensées... Elle a vingt ans, elle n'a jamais vu que Grenade, qu'elle a quittée à la suite d'une grosse déception, et Cadix, où elle vit maintenant. Elle a été fiancée et son novio l'a trahie. C'est une histoire si commune ici que la plupart des jeunes filles la prennent gaiement et se fiancent trois fois, cinq fois, six fois, sans plus se soucier de ceux qui ont eu leurs premiers serments que nous de notre premier cigare, mais non pas Rosario, qui en avait fait une maladie et qui professait maintenant une crainte étrange de tout sentiment passionné. Avec cela, elle respirait la passion par tous les traits de son mobile et pâle visage, par ses lèvres que colorait son sang vierge et jeune, par le mince duvet qui ombrait les coins de cette bouche fraîche, par ses yeux surtout et par ce je ne sais quoi dans les moindres gestes qui révèle une créature organisée pour l'amour. Je devinai une partie de ce que je te dis là, tout en causant avec elle dès le premier soir; j'appris le reste par celui qui m'avait présenté à elle. Comprends-tu quel attendrissement me saisit à retrouver ainsi, incarnée dans cette enfant au sourire si fier, juste la nuance de chagrin que je promenais moi-même loin de Paris? J'avais été déçu, elle avait été déçue. On lui avait juré qu'on l'aimait, sans l'aimer, comme cela m'était arrivé à moi-même. Quelle absurde chose que la destinée! Au lieu de Laure, de cette infâme coquette, — tu les connais, ces blondes félines comme elle, qui vous mentent avec des profils de madone, — que n'avais-je rencontré cette fille simple et vraie comme son ciel et comme son pays? De celle-là du moins je sentais que je n'aurais jamais douté. »

— « Malgré la mère?... » lui demandai-je.

— « Mais la mère était une sainte!.. »

— « J'y suis, » repris-je, « une déception en mantille et une déception en veston; deux déceptions qui s'additionnent. Total, un nouvel amour... »

— « Je ne sais pas, » répliqua-t-il, « si mon ami lui raconta mes tristesses... C'est vrai, je les lui avais confiées, à lui... Que veux-tu? » fit-il en voyant mon sourire, « puisque jamais il ne rencontrera Mme T***? Ce qu'il y a de certain, c'est que Rosario me plut infiniment, et aussi que je fus très assuré, dès le premier soir, de ne jamais l'aimer... Je me laissai donc aller à l'attrait que je ressentis pour elle avec cette gaie confiance d'imagination qui permet de jouir du charme d'une femme comme d'un paysage, comme d'un tableau, comme d'une fleur sur sa tige. Et je m'attardai à Cadix avec délices. Je voyais Rosario tous les jours deux ou trois fois, en visite l'après-midi, ou chez sa mère, ou chez l'ami qui m'avait présenté à elle, avant le dîner à la promenade et après le dîner à la promenade encore. Que d'heures nous avons passées à causer ensemble ainsi, dans la paix et les parfums de ces nuits transparentes, tandis que la mer battait contre le mur qui soutient l'Alameda, que la brise remuait les grandes feuilles des palmiers et qu'un guitariste chantait quelque *petenera*, — une de ces chansons d'Andalousie où vient et revient ce vers : *Niño de mi corazon*, garçon de mon cœur, et cela se prolonge sur une mélopée triste et douce qui rappelle la monotonie sublime du désert. Ah! que certaines de ces chansons me touchent!... Quatre vers, pas plus : « Pour toi j'ai abandonné mes enfants, — et ma « mère est morte folle, — et aujourd'hui tu « m'abandonnes, — garçon de mon cœur, — « tu n'as pas le pardon de Dieu... » Tu vois, rien que de te les dire, ces vers, j'ai des larmes dans les yeux... J'ai passé aussi des heures chez ces dames à écouter Rosario chanter des chansons semblables, et des *malagueñas*, et des *tangos*. Elle a une voix juste et frêle, avec ce rien de nasillement si espagnol, et une passion franche et simple. As-tu entendu Laure chanter dans le monde? Tu te rappelles ce port de tête d'une cabotine, ces yeux levés au ciel, cette manière de se poser où se devine tout son mensonge... »

En parlant, il imitait son ancienne maîtresse à

ravir, et ses minauderies, et ses attitudes. Il n'y a que lui pour se contredire dans cinq minutes avec cette inconscience. Il se montrait sous le triste jour d'un amant piqué qui se venge bassement, en avilissant la femme qu'il a aimée, de son impuissance à s'en faire aimer, et aussitôt, des sensations fines lui revenant à la mémoire, il continua :

— « La vérité, mon ami, la sainte, la céleste vérité !... Je la saisissais tout entière dans le chant de Rosario. Il m'est arrivé ainsi, à plusieurs reprises, d'aller avec elle et la femme de mon hôte, — j'appelais de ce nom le négociant américain qui me traitait comme un frère, — en bateau à voiles sur la vaste baie. Les hauts vaisseaux y sont à l'ancre très loin de terre. Le vent emplissait la toile des voiles. Le bateau penchait. Nous filions vite sur l'eau frémissante. Nous pouvions voir toute cette suite de petites villes blanches qui font comme une broderie à cette côte depuis la pointe de Cadix jusqu'à celle de Puerto de Santa Maria. Rosario jouissait comme moi de la splendeur de l'horizon, de la nuance changeante de l'eau bleue, de la félicité de la lumière éparse autour de nous, mais elle en jouissait en se taisant. Et je comparais mentalement ses silences à la surcharge d'expression dont j'avais tant souffert chez Laure, qui n'a jamais eu pour un centime d'émotion sans en raconter pour cent mille francs. Rosario était pieuse. Comme nous nous trouvions au mois de Marie et que je connaissais l'église où elle allait faire ses dévotions, bien souvent je me suis caché dans l'angle d'un pilier pour la voir qui priait, agenouillée sur la dalle, parmi d'autres femmes. Elles tenaient toutes leur éventail à la main. Sur l'autel, une madone se dressait, revêtue d'un manteau brodé, avec un chapeau garni de fleurs, et les blancs visages aux tons ambrés revêtaient un étrange éclat dans la demi-obscurité, à la lueur des cierges et parmi les noires mantilles. Rosario priait avec une si pure, une si sincère ardeur. Elle ne se doutait pas qu'on la regardât. Elle ne se faisait pas des bijoux avec ses beaux sentiments comme Laure, qui ne pouvait pas entendre une messe sans qu'elle me servît, à moi et à combien d'autres, le récit de ses extases mystiques et le détail de ses remords. Mais voilà, Rosario était sauvage, elle raffolait des courses de taureaux. Nous en vîmes trois ensemble. Croirais-tu que je lui pardonnais la férocité de ses applaudissements, quand le célèbre Lagartijo, ce gladiateur au masque jaune comme de la cire, tuait la bête en la recevant, sans bouger, l'épée tendue... Tiens, une autre question... Peux-tu m'expliquer par quelle anomalie on peut tant se plaire à la grâce d'une femme et ne pas l'aimer? Car je ne l'aimais pas, et, tout en goûtant la douceur de sa présence, je ne songeais jamais qu'à l'autre. »

— « Et Rosario, elle, que pensait-elle de toi?... »

— « Elle?... » fit-il en rougissant, car il est demeuré enfantin malgré ses folies, et il avait honte de sa fatuité, « je m'aperçus, voici demain huit jours, qu'elle m'aimait... Non, ne te moque pas... Nous étions allés en bande assister au passage d'une procession, et nous nous sommes trouvés tous les deux, seuls, elle et moi, à une des fenêtres de l'appartement où l'on nous donnait asile à tous. Le bout de la rue était tendu d'une toile grise qui frémissait au vent. Sur les balcons des maisons étaient déployées des étoffes de couleur, dont le rouge et le rose contrastaient de la manière la plus délicieuse avec la claire blancheur des façades. Et, par terre, sur un tapis déployé pour le passage de la statue de la madone, traînaient des jonchées de fleurs. La madone parut elle-même, parée des bijoux des dames dévotes de la ville, avec des diamants et des perles de quoi garnir une devanture de bijoutier. Elle avançait, juchée sur un pavois que soutenaient six personnes, et suivie de plusieurs nègres, vêtus d'étoffes de soie à franges d'or, qui portaient, eux, un lutrin chargé de musique... Je voyais tout cela, mais je me trouvais dans une de mes mauvaises heures. C'était l'anniversaire du jour où j'ai appris, l'an dernier, pour la première fois, que Laure me trompait. — Ah! mon ami, si tu savais dans quelles conditions et avec qui! Mon Dieu! Si les femmes nous choisissaient seulement des rivaux dont il ne fût pas déshonorant d'être jaloux!... — Enfin, j'étais triste comme la mort, tandis que la madone passait, que les chants montaient, que l'encens fumait... Et voici qu'en me retournant je rencontrai les yeux de Rosario, de la présence de laquelle je me souvenais à peine, fixés sur moi avec une expression qui me fit peur. Une anxiété passionnée s'échappait de ses prunelles. Elle était plus pâle encore que d'habitude, et elle me dit en espagnol : « Vous êtes triste... Vous l'aimez « donc toujours?... » On lui avait tout raconté, ou bien elle avait tout deviné. Je répondis à sa question par une plaisanterie et j'arguai d'un mal de tête causé par le soleil. Me crut-elle, ou non?... Moi, j'étais tout bouleversé par la soudaine révélation du sentiment que je venais de constater chez ma petite amie de ces trois semaines. Elle m'aimait ou allait m'aimer!... Je rentrai à l'hôtel, au sortir de cette étrange et si courte scène, en m'adressant d'affreux reproches sur l'abominable instinct de coquetterie masculine qui m'avait fait, évidemment, courtiser cette enfant presque à mon insu. Tu vois, je dis presque... Elle m'aimait ou elle allait m'aimer, moi qui ne l'aimerais jamais, jamais, puisque je portais dans mon cœur la vivante image d'une autre. Lui infliger les tourments dont je venais de tant souffrir, dont elle était elle-même à peine guérie? Jouer avec elle à ce triste jeu du sentiment qui consiste à traiter une âme comme les petits garçons traitent un insecte qu'ils ont attrapé? Non, Rosario valait mieux que cela; et moi, j'avais besoin de m'estimer davantage, peut-être pour avoir le droit de mépriser Laure. Toujours est-il qu'à quatre heures de l'après-midi de ce même jour, mes malles bouclées, je prenais le train pour Séville, sans avoir dit adieu même à mon ami, le négociant américain... Rosario allait m'aimer... Je l'ai fuie par respect pour son sentiment. Ne te moque pas de moi, » répéta-t-il en me portant la main sur l'épaule avec un geste câlin.

Et je ne me moquai pas de lui, parce que véritablement il était de bonne foi et que son scrupule m'avait touché, malgré la ridicule tache de vanité qui le déparait. Après coup, je lui en ai voulu de m'avoir empêché de bien voir la cathédrale de Cordoue, où je ne reviendrai sans doute pas. Je lui en veux aussi d'avoir été cause que j'ai manqué Tolède. A cause de lui, j'ai poussé jusqu'à Cadix. Je me suis présenté chez son ami l'Américain. La señorita Rosario était absente pour quelques jours. Ma curiosité de la voir était si grande que j'ai voulu attendre son retour. Puis elle n'est point revenue. Le plan de mon voyage a été bousculé, je n'ai eu que dix jours à donner à Tanger, et je n'ai jamais pu savoir si Rosario avait aimé ou non Henry de V***, par suite si la fugue soudaine et le scrupule de ce dernier avaient été une délicatesse ou une niaiserie. — Les deux, il est vrai, vont si souvent ensemble !

Paris, décembre 1886.

V

Claire

A MARCEL FOUQUIER

CLAIRE

LES romanciers modernes se sont découvert un riche, un inépuisable domaine d'observation, lorsqu'ils se sont avisés qu'il existe une sensibilité particulière à chaque métier. Ils ont ainsi reconnu que l'homme de lettres, par exemple, aime ou désire, qu'il hait ou regrette autrement que le commerçant, qui se distingue lui-même du diplomate, du savant et du soldat, par la nuance de ses passions. Cette diversité psychique des espèces sociales est loin cependant de constituer une loi absolue. D'indiscutables démentis lui ont été donnés par des personnages fameux à titres inégaux. Il suffira de citer Stendhal, Feydeau, M. Renan et le divin Pierre Loti, — lesquels ont prouvé qu'un dragon, un boursier, un professeur et un marin peuvent traverser la caserne et la coulisse, le Collège de France et l'entrepont d'un vaisseau avec une originalité de sensations inentamée. Mais ce sont là des noms célèbres et des individus d'exception. Pour ma part, j'ai connu, depuis que je fais avec conscience mon travail de botaniste moral, une suffisante quantité de personnages moyens sur lesquels leur métier ne semblait pas avoir exercé la plus légère influence. C'étaient des âmes à côté, sur qui le réel ne mordait pas plus que le fer ne mord sur le diamant. Un des cas les plus singuliers qu'il m'ait été donné de rencontrer est assurément celui d'Émile M***, un de mes camarades d'enfance, entré à l'École polytechnique, il n'a jamais su lui-même pourquoi, devenu officier d'artillerie, sans en savoir la raison davantage, d'ailleurs mathématicien médiocre et officier pire. Si ces lignes tombent sous ses yeux dans la petite ville de province où il promène à l'heure présente son haut képi et ses distractions, qu'il me pardonne cette innocente épigramme. Elle me vient de deux engagés volontaires que je lui recommandai jadis. Et je lui dirai comme Marion :

Mais je vous aime ainsi...

Ce capitaine au beau sourire sous une moustache dorée, aux yeux d'un bleu si doux entre leurs paupières un peu plissées, au teint demeuré pâle et blond malgré les hâles, aux mains soignées comme celles d'une duchesse, cet artilleur qui ne jure pas, qui ne va pas au café, qui parle à mi-voix, qui marche la tête penchée et qui a gardé les gestes un peu maniérés de son adolescence, traverse la vie comme les hypnotisés traversent une chambre, — sans rien voir que sa pensée; et, contraste exquis pour un observateur ironique, cet homme rompu à toutes les précisions du calcul et du commandement, perçoit cette pensée sous la forme de la rêverie vague et flottante, que le vulgaire appelle poétique, — sans se douter que si les poètes voyaient et sentaient ainsi, jamais ils ne pourraient écrire un vers. — Pour tout dire, Émile M*** est né romanesque, comme il est né blond, et il l'est resté, avec tous les ridicules, à mon goût délicieux, que ce mot comporte... C'est à lui qu'une femme, mariée depuis six ans, a pu raconter qu'elle n'avait jamais appartenu à son mari, et il m'a fait cette confidence, le capitaine, les larmes aux yeux que cet être idéal lui eût conservé intact le trésor de sa virginité ! Il appartient, faut-il le dire ? à la secte des rédemptoristes, de ceux qui croient au rachat des filles par l'amour. Pareil à ses confrères en réhabilitation, ce rachat consiste d'ordinaire, pour lui, à entretenir seul une créature qui vivait auparavant sur un syndicat. Il a fait pire, ou mieux, comme vous voudrez. Il se persuada, tout jeune encore, que, la vraie manière d'inspirer l'amour étant le dévouement, et le plus grand des dévouements le salut complet d'une existence, on devait être aimé jusqu'à la passion par une fille retirée d'une maison publique. A Metz, où il se trouvait à l'école, il appliqua son système, et il m'écrivit à ce sujet une lettre trempée de larmes, que je garde comme un prodigieux monument d'idées fausses. C'est lui d'ailleurs qui, à dix-sept ans, avait adressé à une femme du quartier Latin, — connue sous le nom de Lucie Poupée, à cause de ses petits airs joliment affectés, — une épître commençant par cette phrase : « J'aime « mieux mes sœurs depuis que je t'aime, parce

« qu'elles sont des femmes comme toi !... » — Et le malheureux était sincère. C'est une des plus plaisantes mystifications de ce plaisant monde que le comique souverain de la vie sentimentale, aussitôt que le sentiment porte à faux, si absolue que soit sa bonne foi. J'ai fini par ne plus rire d'Émile, en constatant qu'il est heureux. Les femmes se divisent pour lui en deux groupes très nets : celle qu'il aime à l'heure actuelle et qui est un ange, celles qu'il a aimées et qui sont des démons; il est donc ravi, exalté, enivré de posséder l'ange, et tout fier d'avoir quitté ces démons. Avec cela, — et tâchez de résoudre l'énigme insoluble de ce caractère, — ce lunatique a des finesses et ment, — comme un de ses anges. Ce sentimental est un affreux mauvais sujet. Je lui ai connu, à une époque, quatre maîtresses à la fois, dont chacune le croyait éperdument amoureux d'elle seule. Amoureux, il l'était, mais de toutes les quatre. Il pleurait auprès de moi sur sa propre perfidie et leur tendresse, sans soupçonner que chacune avait de son côté deux ou trois amants, outre lui-même. Je lui jurais qu'on peut rarement tromper les femmes, parce qu'elles ont presque toujours pris l'avance. Il ne me croyait pas, et le piquant de l'histoire fut qu'une fois éclairé sur le compte de ses quatre victimes, il les traita énergiquement de gueuses, avec l'indignation la plus entière. Émile est de ceux qui endossent, avec reconnaissance et remords, les paternités les plus outrageusement invraisemblables. On a pu le voir, dans une ville du Nord où il était lieutenant, à la recherche de trois nourrices à la fois, pour trois poupons à naître et qu'il avouait être de lui. Il y a une autre ville, sur la ligne de Cherbourg à Paris, où il s'arrête pieusement quand il va en congé, pour porter des fleurs au tombeau d'une enfant morte à deux ans, qu'il a pleurée de tout son cœur, et qui aurait dû s'appeler à plus juste titre que l'héroïne de la pièce de ce nom : la fille du régiment !... Mais quoi ? Ces gens-là sont les seuls qui aient pleinement joui de la femme, les seuls aussi qui l'aient vue dans sa vérité. Quand une femme vous ment, c'est presque toujours pour accommoder les faits aux besoins de son émotion momentanée. Cette émotion, elle, est vraie et vivante, et c'est elle seule qui importe. Il est aisé de raisonner de cette façon, pratiquer est plus difficile. Il faut être doué, comme l'est Émile, avoir gardé le goût des boucles de cheveux portés dans des médaillons, des petits billets parfumés, des marguerites effeuillées, de ces riens puérils qui servent peut-être d'épreuve aux femmes, car ils leur permettent de s'assurer si un homme attache vraiment un prix infini aux moindres choses qui viennent d'elles, et quand cet homme est un soldat, quand il serre la fleurette et la photographie sous un dolman galonné, — transposez le tout, mais c'est le mythe d'Hercule aux pieds d'Omphale, et un Hercule qui roucoule des romances, n'est-ce pas leur rêve, à presque toutes?

Avec ses duperies ou ses sagesses, le capitaine Émile M*** m'a toujours été très cher, d'abord à cause du paradoxe botté, éperonné, sanglé, qu'il me représente, et aussi parce qu'il a de la vie un goût très personnel, très délicat, très intense, à un moment du siècle où presque tous les raffinés ne sont plus que des dégoûtés, autant dire des impuissants. Je lui dois un plaisir peu commun, celui d'avoir entendu, de sa bouche, le récit d'aventures dont j'aurais voulu qu'elles fussent miennes, vous savez, de ces jolies et fines sensations qu'on eût aimé à éprouver et qu'on aime à voir éprouvées devant soi. Ah! des confidences d'un autre et qui soient selon la nuance de votre cœur, à vous, et qui ne vous déplaisent point par quelque détail, mais c'est presque aussi rare que de traverser soi-même des heures que l'on voudrait revivre!... Ce plaisir unique, le capitaine Émile me l'a donné l'autre semaine encore. Me trouvant en voyage et m'étant arrêté pour bavarder avec lui vingt-quatre heures, dans son lieu d'exil, nous causâmes en effet beaucoup, et il me parla longuement du dernier drame de M. Renan : *l'Abbesse de Jouarre*. Il en avait relu la préface dans la journée, et nous discutions sur la théorie soutenue par le célèbre philosophe : l'approche de la mort serait-elle le plus puissant des aphrodisiaques? Je soutenais, moi, que cette approche a tout bonnement pour effet, neuf cent quatre-vingt-dix-neuf fois sur mille, une panique paralysante. Le capitaine, lui, était de l'avis de l'écrivain, et il me raconta, comme preuve à l'appui, une des impressions de sa première campagne. Nous allions et venions, après le dîner, très tard, sur une place déserte de province que dominait l'ombre d'une grande et vieille église. J'entendais les éperons de mon ami sonner, son sabre cliqueter : il avait un air de se promener dans un des jolis tableaux du peintre

Detaille. A la clarté de la lune je le regardais, me souvenant qu'il a reçu trois balles dans le corps, sous Paris, et je l'écoutais sentimentaliser, avec délice, — un délice que comprendront ceux qui goûtent l'adorable phrase du prince de Ligne sur la ville turque prise d'assaut, — où l'on sentait le mort, le brûlé et l'essence de roses...

« ...Renan a raison, » me disait-il, « au moins pour les hommes de ma race, car vous autres, les Adolphes, » — c'est sa grande injure pour les analyseurs, les persifleurs et les jugeurs de femmes, — « oui, vous autres, vous n'avez jamais aimé que vous-même, quand vous arrivez à vous aimer ! Et à l'heure de la mort, votre panique, c'est de l'égoïsme encore... Mais nous, les amants, tels nous avons vécu, tels nous mourons... Veux-tu un petit fait bien probant, comme dit ton cuistre de maître, Henri Beyle?... Le voici, » ajouta-t-il en se frappant la poitrine, qu'il a large et puissante comme il sied à un débauché tendre. « Sais-tu quel a été le premier effet de la nouvelle, quand on m'a envoyé de Metz au régiment, au lendemain de la déclaration de guerre, en août 1870 ? Ce fut de me jeter dans une sorte d'ivresse amoureuse que je n'ai pas retrouvée depuis...

A partir du jour où je dus faire campagne, les choses qui touchaient à la femme revêtirent pour moi une saveur inexprimable, un charme si profond que j'en arrivai à comprendre cette espèce d'érotisme sublime du moyen-âge dont furent atteints les chevaliers, malades d'amour pour des princesses qu'ils n'avaient jamais vues, pour des mortes même dont ils ne connaissaient que le nom et ce que la légende leur en avait raconté... Tu te moques de moi, » ajouta-t-il en me voyant sourire, « mais ce phénomène-là, cet amour pour la femme inconnue, pour l'invisible, pour l'absente, je l'ai ressenti alors, sous l'influence de l'idée de la mort, et d'une manière si complète, quoique si brève!... Vers le commencement de ce triste mois d'août, ma batterie fut dirigée avec quelques autres sur un des corps d'armée qui opéraient dans l'Est. On nous enjoignit de gagner à marches forcées une petite ville d'Alsace, et pour ce, de traverser le massif des Vosges. Le soir du jour où nous nous étions engagés parmi ces jolies montagnes, de pente si dure avec leurs rondeurs coquettes, — nous devions coucher dans un village qui nous apparut, du haut de notre dernière montée, dans une gloire de lumière... Il était situé au bord d'un lac, encaissé lui-même dans une longue vallée. Le soleil couchant colorait en rose une moitié de ce lac, tandis que l'ombre des sapins mettait sur l'autre moitié comme une barre de ténèbres ; le petit village, avec ses quelques maisons à toits rouges groupées autour du clocher, baignait lui-même dans une poussière rose, et tout le lacet des ruisseaux déployés dans les prairies vertes de la vallée se teintait du même reflet rose qui envahissait tout le vaste ciel, — ce ciel que je pensais n'avoir plus beaucoup de temps à regarder... J'avais, à cette époque, l'imagination frappée. Un voyage en Allemagne m'avait donné la certitude anticipée de nos désastres. Je croyais, en outre, aux pressentiments, et, à cause d'un rêve où je m'étais vu blessé, je me jugeais destiné à mourir dans la campagne... J'avais donc en moi un fond de mélancolie mêlé à cet attendrissement singulier dont je te parlais. Quand j'aperçus cet adorable paysage, tout rose et noir, d'eau dormante et de montagnes, je me pris à songer que je voudrais avoir aimé là et y avoir aimé justement la femme de ce paysage; celle dont la beauté, la façon de sentir, les yeux et la voix s'harmoniseraient avec mon émotion de cette minute devant ce lac, ces forêts et ce ciel... Nous descendions au grand trot, les canons roulaient, mes hommes sacraient et chantaient, et moi je songeais... Je songeais que j'avais vingt-deux ans, que je n'avais jamais eu que des bonnes fortunes de brasserie et de garnison. J'allais passer la nuit dans ce hameau... Si j'y trouvais pourtant cette femme à laquelle je pensais, et si elle me laissait, pendant ces quelques heures, l'aimer pour toute ma vie passée et à venir ?... C'est pour avoir eu de ces pensées-là plus souvent que de raison, au service et ailleurs, que je ne serai jamais général... »

Il sourit à son tour, et comme nous passions devant un bureau de tabac encore éclairé, il y entra pour prendre un cigare.

— « As-tu vu comme la petite marchande m'a regardé ? » dit-il. « Voilà deux mois qu'elle attend que je lui fasse une déclaration..., mais elle a été à Raymond, un de mes camarades que je n'aime pas... Es-tu comme moi ? Je n'ai jamais pu prendre sa femme ou sa maîtresse à un homme qui ne m'était pas sympathique... »

— « Si je me marie jamais, » lui dis-je, « je suis averti qu'il ne faudra pas te recevoir... »

— « Je crois que tu auras raison, » répliqua-t-il avec ce sérieux qui donne dans sa bouche des apparences de naïveté aux phrases les plus corrompues.

— « En attendant, » repris-je, « continue ton histoire, qui me paraît un chapitre additionnel de Faublas. »

— « Ah ! » fit-il, « un Faublas bien platonique et dont l'autre, le vrai, se fût singulièrement moqué... Donc, les canons roulant, les hommes sacrant et chantant, et moi songeant, nous arrivâmes au hameau. Nous étions nombreux. Les logements étaient rares et sales. Je me plaignais du mien avec une acrimonie due sans doute à la petite colère que me causait le contraste entre la nuance rose du paysage et la face hideuse de la bourgeoise chez qui l'on m'avait installé. Je criai si fort que l'on finit par m'offrir de me loger ailleurs, si je voulais, mais à une demi-lieue d'ici, chez la marquise de Noirlys. Imagine-toi l'effet que devait produire, sur un homme placé dans les dispositions d'esprit que je t'ai dites, un nom pareil, un de ces noms auxquels on ne croit pas quand on les rencontre dans les livres, — Claire de Noirlys? — Il est vrai que la dame avait quitté son chalet le matin même, fuyant l'invasion probable, me dit le brave petit bourgeois qui nous distribuait nos gîtes dans le village... Nouvelle déception, et cependant j'acceptai, moque-toi de moi, à cause de ce nom.

« Ce chalet où je devais passer la nuit, était situé de l'autre côté du lac, et comme il y avait là tout un carré de marécages, la route tournait deux ou trois fois sur elle-même, en sorte que la maison, apparue à travers les arbres, reculait sans cesse sur le ciel devenu maintenant d'un or si tendre, presque vert. Mais une bande à peine de cet or pâli traînait à l'horizon, l'eau du lac était d'un gris cendré, dans le ciel une étoile brillait déjà, et la lune s'y dessinait aussi, une lune froide, mate, sans rayonnement. Les deux cavaliers qui m'accompagnaient et moi-même, nous étions guidés par un paysan au visage de bête, qui nous regardait avec un étonnement semblable à celui des vaches qui paissaient dans la prairie. Et je me demandais, en constatant comme cet endroit était sauvage et retiré, quelle personne pouvait s'y plaire, — sans doute une vieille dame de province, ayant hérité cette villa de quelque parent maniaque, et vivant là, par avarice, quatre ou cinq mois de l'année, et le reste à Épinal ou à Nancy. On trouve dans les coins perdus de France des femmes qui habitent des châteaux dignes de la Belle au bois dormant, avec des noms à faire s'agenouiller Balzac; et puis c'est une dévote occupée de son linge, de ses confitures, du denier de Saint-Pierre et de son petit chien. Ce fut donc pour l'acquit de ma conscience que j'interrogeai notre guide. — « Mme de Noirlys habite ici toute l'année? » lui dis-je. — « Hé! que non, » fit-il, « elle est de « Paris... — Jeune? âgée? » repris-je... — « Une « bonne pièce vingt-cinq, vingt-six ans... » dit le sauvage. — « Jolie?... » demandai-je. — « Une madone! » répliqua l'homme en mettant une main à son chapeau. — « Et son « mari?... » continuai-je. — « Il est mort... » dit-il. — « Elle a des enfants?... — Hé! que « non!... » répondit-il.

« Durant ce dialogue, nous étions parvenus dans l'allée de bouleaux au bout de laquelle se dessinait nettement la maison, toute blanche dans le crépuscule, avec deux terrasses de chaque côté, couvertes et garnies de fleurs. La ligne d'or du ciel s'était effacée, la lune rayonnait déjà plus vive. Je voyais l'eau du lac frissonner, sombre maintenant, derrière les fûts blancs des arbres. Un oiseau se mit à chanter et j'avais le cœur gros, les larmes aux yeux, comme si un chagrin réel m'eût atteint. Une femme de ce nom, jolie, veuve, sans enfants, qui s'était choisi cette maison pour y vivre, et elle était absente!... Ce fut donc avec une tristesse singulière que je montai, guidé par le maître d'hôtel que la marquise avait laissé pour ranger le chalet après son départ, sur le balcon garni de plantes grimpantes, et j'entrai dans le salon où ce domestique me pria d'attendre qu'on eût préparé mon dîner et fait ma chambre.

« Ce salon, elle s'y tenait la veille encore!... C'était une pièce toute simple, où flottait, épars, cet indéfinissable parfum qui se respire là où vient de frissonner la robe d'une jeune femme vraiment femme. La tonalité rouge qui dominait dans les étoffes indiquait assez que la dame du logis était brune, brune comme son nom, comme le lys de sable sur champ d'argent qui composait son blason, ainsi que l'attestait une tapisserie déployée contre l'un des murs. Les meubles étaient disposés de manière à distribuer ce salon en trois parties. Je les vois, en te parlant, comme si j'étais encore le lieutenant imberbe qui se trouvait là, écroulé sur une chaise à bascule, et qui regardait cette pièce avec une curiosité nostalgique. A l'un des coins de la cheminée, un fauteuil derrière lequel se pliait un paravent anglais, à vitres coloriées, à tablette droite, une chaise longue, et une table chargée de pelotes de laines et de crochets. Un livre y était posé, une *Imitation*. C'était le coin où lire, où travailler, où prier... Dans un autre coin, une table, derrière un autre paravent, en cristal, celui-là, et au travers duquel, la fenêtre étant ouverte comme à présent, on voyait l'eau du lac bleuir au delà des feuillages... Puis, dans une encoignure, un divan garni de ses coussins, sous une plante verte, — c'était la place où rêver; — et partout des fleurs qui mouraient dans des vases, une profusion de menus objets, révélant un art délicat de nuancer les moindres choses de la vie. Sur la table à écrire, une étoffe d'un bleu passé, brochée d'un rouge mort, un porte-plume d'or, sur le manche effilé duquel était gravé le nom de Claire, un coupe-papier d'écaille noire avec un chiffre en roses, une mignonne pendule ciselée, des boîtes de laque, et, sur la muraille, à côté du bureau, une suite de photographies encadrées de velours noir bordé d'un filigrane d'argent. Une ligne écrite au-dessous de chacune, d'une belle écriture loyale et frêle, relatait la date d'une mort. C'était là comme le petit cimetière intime que la jeune veuve voulait avoir toujours auprès d'elle... Je me trouvais dans un si étrange état de cristallisation à l'égard de l'habitante inconnue de cet asile, que je voulus voir dans cette suite de portraits un signe de la fidélité de ses sentiments, comme un signe de sa charité dans les laines préparées pour le travail, comme un signe de sa mélancolie dans la place du divan noyé d'ombre, comme un signe de sa fine intelligence dans la petite bibliothèque basse, où je découvris, à côté de livres de dévotion, quelques romans dont je raffole : *Dominique*, de Fromentin, ce chef-d'œuvre, — *la Princesse de Clèves*, — de Balzac, *le Lys dans la vallée*, — de Henri Heine, *les Reisebilder*, et les poésies de Lamartine et celles de Vigny, et sur les murs cinq ou six gravures d'après les tableaux de primitifs italiens, un Pérugin, entre autres, dont je verrai toujours les beaux anges aux cuirasses métalliques, et les yeux souffrants de la vierge, les mentons levés des deux saintes... Sous ce Pérugin une porte s'ouvrait, que je poussai, une bougie à la main. J'aperçus un lit sous des dentelles, je respirai un arome d'héliotrope à me faire défaillir le cœur, tant j'aime ce parfum sans contours et si pénétrant. Je n'osai pas avancer... Il me sembla qu'un fantôme était là, dont les vêtements frémissaient, dont le souffle tremblait, dont j'allais profaner le sanctuaire. — Ah ! que je l'ai senti présent, ce fantôme !... »

Il s'arrêta un moment, comme perdu dans ce souvenir : — « Ceci, » lui dis-je pour le piquer, « ressemble à l'épigramme faite par un de nos amis contre mes premières nouvelles : une nomenclature de tapissier et pas d'événements... »

— « Il n'y a pas d'événements, » reprit-il avec une voix triste, « sinon que je passai la nuit dans un vertige que je ne peux pas te traduire avec des mots. Je ne mangeai pas, malgré l'étape. Je ne dormis pas. Je m'installai sur le balcon, d'où je voyais la féerie de la lune enchanter le petit lac. Des brumes montaient de l'eau, insaisissables comme l'image qui flottait devant moi, vagues et fuyantes comme l'ivresse dont je me sentais comblé. Si insensé que cela puisse te paraître, j'étais amoureux, comme un enfant, de la femme qui vivait là, et dont je sentais l'invisible esprit errer autour de moi, épars dans les moindres replis de cet asile où elle venait cacher, je ne savais pas quoi. Un inconsolable regret?... Un mystérieux bonheur?... Non, je ne savais rien d'elle, sinon que j'allais me battre et que, douze heures auparavant, elle était là... Je respirais tout son charme comme on respire tout un jardin de roses en passant le long d'une haie, sans voir une seule fleur... J'étais sûr, entends-tu, j'étais sûr que je l'eusse aimée follement si je l'avais connue, et je ne la connaîtrais jamais, puisque la guerre m'attendait, le fracas des champs de bataille, et la mort... Mais ne l'ai-je pas aimée, cette nuit-là, comme je n'ai aimé aucune de mes maîtresses? Et elle n'en savait rien, hélas! et elle n'en a jamais rien su... »

— « Mais comme tu n'as pas été tué, » lui dis-je, « pourquoi n'es-tu pas revenu, l'année d'après, le lui apprendre?... »

— « L'année d'après, » répliqua-t-il, « je commençais de faire la cour à Lucie, tu te souviens, celle qui m'a rendu si malheureux?... Et puis, à quoi bon revoir une femme qui n'aurait peut-être pas ressemblé à mon rêve?... »

Pour un psychologue épris de documents sur l'état d'âme de l'artillerie française, — comme nous disons dans notre argot moderne, — le capitaine Émile M*** est un détestable exemplaire de l'espèce. Il est copié pourtant d'après nature. Mais qui le croira, sinon peut-être lui-même, et quelque femme qui l'aura connu et qui se dira en souriant : « Il se croyait bien fin?... » Puis cette femme se souviendra de l'avoir trompé, mais si gentiment, et de le lui avoir pardonné, parce qu'après tout, il savait aimer...

Bâle, octobre 1886.

VI

Trois petites Filles.

A GUSTAVE SCHLUMBERGER.

I

SIMONE

RÉCIT DE NOËL

ONZE heures. Au dehors, une nuit glacée, avec des passages de vent et des tourbillons de neige. A l'intérieur du petit hôtel qu'occupe le comte d'Eyssève, tout auprès du parc Monceau, et par cette nuit de Noël, c'est le silence des maisons que le deuil a visitées, un deuil terrible entre les deuils. A ce nom d'Eyssève, il n'est pas un Parisien qui ne se rappelle la fin tragique de la jeune comtesse, morte, au printemps, d'une chute de cheval. Je ne puis, moi, penser à elle sans me souvenir de la première représentation de la *Princesse de Bagdad*, et sans revoir l'adorable jeune femme, sur le devant de sa baignoire, avec ses cheveux châtains séparés en deux simples bandeaux, son visage allongé, sa fine pâleur et ses yeux bruns, que leur légère myopie faisait cligner un peu, quand elle ne s'aidait pas, pour mieux regarder, d'un lorgnon d'or dont ses doigts menus maniaient si joliment le manche ciselé. Elle a laissé trois enfants orphelins : deux fils, dont l'aîné, Pierre, a onze ans ; le cadet, Armand, dix ; et une petite fille, Simone, qui, elle, n'a pas encore huit ans.

C'est au second étage du petit hôtel qu'habitent les enfants. Les deux garçons ont une chambre commune. La petite Simone, la dernière venue, a sa chambre à elle. Et par cette nuit terrible de Noël, où les enfants pauvres grelottent de froid dans les rues, l'enfant riche a bien froid au cœur dans sa chambre tiède où le feu achève de mourir. Le tapis qui court partout, les rideaux roses et verts, où s'abrite le petit lit clairement peint, le bois de rose du chiffonnier, de la commode et du mignon secrétaire, les coquets et fragiles objets de toilette épars sur la table, — tout atteste la minutie du luxe dont la comtesse avait enveloppé son enfant aimée. C'était son orgueil quand ses amies visitaient cette chambre et s'écriaient : « Oh ! ma chère ! nous n'étions pas gâtées ainsi à leur âge... » Mais que Simone se sent malheureuse dans ce tiède asile où elle est là, toute seule, à penser ! Elle pense que, depuis la mort de sa mère, quelque chose a changé pour elle, et que l'atmosphère d'affection où elle vivait s'est soudain glacée. Ce n'est pas de cette mort elle-même que l'enfant souffre. A son âge, ce mot terrible, la Mort, ne lui représente pas la réalité affreuse : la colline du Père-Lachaise, un caveau parmi des centaines d'autres, un cercueil dans un compartiment de ce caveau, et dans ce cercueil, une forme à jamais immobile et qui s'en va, se décomposant heure par heure... Non, sa mère morte, c'est, pour sa rêverie d'innocente et jeune enfant, cette mère envolée au Ciel, dans ce lieu vague et lointain, rempli de délices indéterminées, peuplé d'anges qui volent comme sur la gravure de son livre de messe, — demeure heureuse où elle espère rejoindre un jour la disparue, dont elle a conservé une si jeune, une si belle vision. Elle ne l'a pas vue, les yeux clos, la bouche ouverte, livide, et le front ensanglanté. Le premier soin du comte fut d'envoyer tous ses enfants chez sa mère à Versailles. On leur a mis des vêtements de couleur noire, et ils ont demandé pourquoi. On ne le leur a pas dit tout d'abord. Ils n'ont compris qu'ils étaient frappés d'un malheur qu'à la pitié devinée dans les yeux qui les regardaient. Mais le vaste parc où on les emmenait jouer, par ces jours d'avril, était si vert, avec son peuple de statues et l'eau dormante de ses bassins ! Puis leur père est venu les rejoindre : « Et maman ?... » ont-ils demandé tous les trois. Le comte les a embrassés en fondant en larmes. Il avait un visage si triste, si triste !... Ce que la petite Simone se rappelle surtout, c'est qu'elle a compris dès ce jour-là cette chose inexplicable, insensée, presque monstrueuse pour son pauvre esprit d'enfant : que son père ne l'aimait plus comme autrefois... Et c'est à cause de cela que, par cette nuit de Noël, elle demeure éveillée, au lieu de dormir du paisible sommeil qui, dans la chambre à côté, ferme les yeux insouciants de ses frères.

Son père ne l'aime plus ! Les images vont

et viennent dans sa petite tête, qui, toutes, se résument dans cette idée. Il ne l'aime plus, elle qui était jadis sa préférée... Elle revoit l'allée du parc de Versailles où elle a subi cette première impression, sans pénétrer, aujourd'hui plus qu'alors, la cause de ce changement soudain dans les manières de cet homme, qui ne pouvait, autrefois, rester un quart d'heure avec elle sans la couvrir de caresses. Elle se promenait avec Pierre et Armand, conduits, tous les trois, par Mlle Marie, sa gouvernante. Son père est apparu tout d'un coup, et elle s'est précipitée vers lui, comme d'habitude, avec un élan de tout son être. Rien qu'à rencontrer ses yeux, rien qu'à sentir la façon avec laquelle il a reçu ses baisers, elle a deviné qu'il n'était plus le même pour elle. Un étonnement l'a saisie d'abord, et une espèce de timidité. Qu'avait-elle fait de mal, ce jour-là, cependant? Pourquoi lui a-t-il dit, avec cette voix qu'elle ne lui connaissait qu'aux lendemains des jours où elle avait mérité d'être grondée : « Marche avec Mademoiselle, » tandis qu'il allait, prenant par la main Pierre tour à tour et Armand, mais non pas elle ?... Depuis lors, il ne lui a jamais parlé avec une autre voix. Et, dans les mille petits détails dont se compose sa vie d'enfant, ça a été ainsi un changement total, qu'elle ne peut pas s'expliquer parce qu'elle se sait si profondément, si absolument innocente. Le matin, aussitôt levée, elle avait, du vivant de sa mère, l'habitude d'aller dans les chambres de cette pauvre mère d'abord, puis de son père, et de rester là, longuement, à se faire gâter. C'en est fini de ces visites, fini des petits mots câlins, fini des rires que ses moindres mots amenaient sur ce visage d'homme dont les yeux ne fixent jamais plus les siens. Elle n'ose pas chercher ses regards depuis qu'elle y a lu cette froideur qui la glace jusqu'au fond de l'âme. Elle n'ose pas s'avancer vers lui et prendre sa main pour la baiser, depuis qu'il a retiré avec brusquerie, un jour qu'elle s'était permis cette caresse, cette main toujours occupée autrefois à lisser ses boucles, à flatter sa joue. Elle a beau multiplier ses efforts d'enfant consciencieuse pour que Mademoiselle n'ait pas un reproche à lui faire, jamais un compliment ne vient récompenser ce zèle, et il lui semble que cette injustice de son père a gagné tous ceux qui l'entourent, depuis ses frères, qui la traitent avec tant de brusquerie, jusqu'à Mademoiselle, qui s'impatiente plus vite... Et à qui se plaindre? Sa bonne grand'mère de Versailles est si infirme, si sourde, et puis elle ne la voit presque jamais. A son père lui-même? Elle est, devant lui, toute paralysée d'une sorte de terreur qu'elle ne peut pas vaincre. Elle avait un ami autrefois, M. d'Aydie, son parrain. Il ne vient plus jamais à la maison. Elle l'a rencontré quelquefois aux Champs-Élysées; mais il s'est contenté de saluer Mademoiselle sans leur parler, — quoiqu'elle l'ait vu qui la suivait des yeux longuement. Pourquoi l'a-t-il abandonnée, lui aussi, puisqu'il l'aime, comme autrefois, elle l'a bien deviné à son regard? Elle éprouve les détresses d'un enfant perdu parmi des étrangers, et qui se sent délaissé, presque haï. Elle écoute le vent passer sur l'hôtel, gémir longuement, s'éloigner, reprendre, la rafale fouetter les volets fermés, et elle se demande si tous sont endormis dans la maison?

C'est qu'elle a formé un grand projet... Puisque le petit Jésus doit descendre cette nuit et remplir de bonbons et de jouets les souliers placés à côté de la cheminée, dans la chambre d'études, pourquoi ne s'adresserait-elle pas à lui, afin qu'il soulage la peine dont elle souffre si durement? Le petit Jésus habite au Ciel, et on a dit à Simone que sa mère était au Ciel aussi.

Et l'idée lui est venue d'écrire à sa mère. Elle posera la lettre sur son soulier. Le petit Jésus ne peut manquer de la voir, de la prendre et de la remettre. Elle a donc trouvé le moyen d'écrire, en deux ou trois jours, cette lettre à sa mère, qu'elle a soigneusement enfermée dans une enveloppe, sur laquelle sa main tremblante a tracé cette adresse : « A maman, au Ciel... » Mais elle n'a jamais osé la placer sur le soulier, devant Mademoiselle et devant ses frères... Maintenant tous reposent. Aucun bruit n'arrive de la porte à droite, qui est celle de la chambre de Pierre et d'Armand, ni de la porte à gauche, qui est celle de la chambre de Mademoiselle. Voici que Simone se glisse hors de son petit lit. Elle a caché la lettre dans le tiroir d'en bas du chiffonnier. Elle va la prendre à tâtons... Comme son cœur bat vite à l'idée qu'elle pourrait heurter quelque meuble ! Ses pas se font menus pour ne point s'embarrasser dans la longue chemise... Elle ouvre la porte au pied de son lit, celle qui donne sur le corridor. Justement, à cette minute, le vent souffle plus fort et couvre le craquement de cette porte. Elle est dans le couloir. Encore deux portes et elle entre dans la chambre d'études. Il y a une grande table au milieu, une bibliothèque à gauche. Elle étend celle de ses mains qui est libre. Elle touche le marbre de la cheminée, elle se penche : une bottine, une autre bottine... Ce sont les chaussures de ses frères. Elle a préféré, elle, mettre son petit soulier du soir, parce qu'il lui a paru que la lettre tiendrait plus aisément par-dessus. Elle pose la lettre là, sur le soulier, de manière qu'elle soit bien en vue, et la pauvre s'en revient toute frémissante, jusqu'à la minute où elle se glisse de nouveau dans son lit, dont elle retrouve la chaleur avec délices. Le vent peut gémir maintenant, et la neige battre les volets, elle a dans le cœur une flamme d'espérance qui le réchauffe. Ce n'est pas possible que sa mère ne la protège pas !

―――

Une heure du matin. La fenêtre du cabinet de travail du comte d'Eyssève brille seule dans la nuit sur l'obscure façade. Le comte est assis au coin de son feu et, lui aussi, il reste à penser au lieu de dormir. Il y a une année, — une seule année, — sa femme et lui se trouvaient réunis dans cette même pièce, achevant de préparer les cadeaux réservés aux enfants. La triste, la navrante chose, lorsque le souvenir d'une morte que l'on a tant aimée est aussi le souvenir d'une trahison !... Cette plainte du vent autour de l'hôtel qui berce le sommeil de Simone enfin apaisée, achève d'emplir l'âme de cet homme d'une mélancolie presque folle... Il revoit sa femme, comme si elle était là encore, et sa douce pâleur, et ses yeux bruns, et son sourire toujours hésitant sur cette bouche fière. Hé quoi ! derrière ce visage, ces yeux, ce sourire, elle cachait un horrible secret d'adultère ? Elle avait ce regard si pur que, le rencontrer, c'était, pour lui, se sentir meilleur; et elle le trompait. Elle le trompait depuis des années, lui, qui eût considéré comme une espèce de honte de seulement la soupçonner. Qu'y a-t-il donc de vrai en ce triste monde, puisque son Alice, elle aussi, s'était trouvée fausse, comme les autres ? Ah ! comment se consoler jamais de cela, que cette bouche, dont il avait tant adoré le sourire, lui eût tant menti ? Était-elle jolie, quand il l'avait vue pour la première fois, toute jeune fille, au bal, et de quelle grâce pudique elle était revêtue ! Il l'avait aimée dès ce premier soir. Et quand il avait demandé sa main, était-il, lui, assez profondément ému, et tout honteux des souvenirs qu'il gardait de son passé de jeune homme! Et il l'avait épousée... De quelle émotion sacrée son cœur était noyé tandis qu'ils marchaient à l'autel! Une foule se pressait dans l'église. Il n'avait vu que cette créature, blanche parmi ses voiles blancs, de laquelle émanait une suavité si pénétrante qu'il avait de la peine à croire à son bonheur! Mensonge, tout était mensonge, et cette pureté de son noble visage, et cette pudeur qu'elle avait toujours gardée, même dans l'abandon de sa personne!... Le comte revoit l'intimité de la chambre conjugale, et sur l'oreiller cette tête d'une ingénuité de vierge, parmi les anneaux épars de ses cheveux. Qu'un autre ait manié, lui aussi, ces souples cheveux, qu'un autre ait couvert de caresses ce visage idéal, qu'un autre ait mis sa bouche sur cette bouche, c'est une vision horrible, moins horrible pourtant que cette impression de la hideuse, de l'abominable tromperie. De quelle boue est-il pétri, le cœur de la femme, qu'une créature puisse apporter à son mari un front de madone, quand elle a encore, dans toute sa chair, le frisson des baisers d'un rendez-vous clandestin? Que seulement elle n'eût pas eu ce visage-là, et il n'aurait pas souffert ce qu'il souffrait. Mais, un tel mensonge avec ces beaux yeux, — ces yeux célestes qu'il ne pouvait, même à l'heure présente, s'empêcher de chérir !

Les jours ont passé depuis le moment où le comte a su la fatale vérité. Il était sorti le matin, à cheval, avec sa femme. Il avait assisté, fou de désespoir, au tragique accident. C'était lui qui, de ses mains, avait le premier essayé de porter secours à la mourante. Et, le soir même de l'enterrement de cette femme idolâtrée, quand il était allé, en proie à toutes les agonies de l'amour, se repaître de souvenirs dans sa chambre, à elle, là, presque aussitôt, il s'était heurté à l'indiscutable, à l'affreuse preuve. Il avait ouvert un des tiroirs du meuble où elle renfermait les petits objets auxquels elle tenait le plus. Et il avait trouvé un paquet de lettres qui lui avaient tout appris... Elle avait un amant !... Et par qui s'était-elle laissé séduire ? Par l'homme pour qui elle aurait dû être sacrée entre toutes, par ce marquis d'Aydie, qui avait été son compagnon de jeunesse, à lui... Tout, il avait tout appris d'un coup, et leurs premières luttes, et comment d'Aydie avait essayé de la fuir, et son retour presque aussitôt, et les circonstances de la criminelle faiblesse d'Alice et ses remords, et le pire, — le hideux secret de la naissance de Simone. Oui, cette enfant que le comte avait préférée aux autres, cette petite fille qui avait pris cette place à part dans sa tendresse; elle n'était pas la sienne. Stupide, stupide aveuglement! Est-ce qu'il n'aurait pas dû reconnaître que cette fragile et délicate créature n'était pas de sa race, ni de celle de ses deux fils, si robustes, si pareils aux d'Eyssève par leur carrure, tandis que l'autre?... Justement, c'était cette délicatesse qu'il avait tant chérie dans cet enfant, l'image de sa mère. Pourquoi, lui ayant menti sept années durant, Alice n'avait-elle pas menti jusqu'au bout? Pourquoi avait-elle gardé, là, auprès d'elle, ces lettres de son amant? Fallait-il qu'elle l'aimât, cet homme, et qu'elle comptât sur sa confiance, à lui! Au premier moment, il s'était dit: « Je vais tuer ce traître... » Et puis il n'avait rien fait, à cause des enfants. Il n'avait pas voulu que ses deux fils eussent à penser un jour de leur mère ce qu'il en pensait lui-même? Et il avait vécu. Il s'était contenté d'interdire sa porte et de refuser sa main à l'ami félon. Il s'était dit en embrassant ses fils: « Je leur sacrifie tout, même ma vengeance... » Et il avait vécu, supplicié par l'idée fixe que la petite fille, la fille de l'autre, réveillait sans cesse. Que de fois il s'est répété : « La pauvre est cependant innocente... » et toujours il s'est trouvé incapable de lui pardonner la trahison de sa mère, cette trahison qui, par cette lugubre et solitaire veillée de Noël, fait sangloter cet homme outragé, — comme s'il avait appris d'hier la cruelle, l'inoubliable vérité.

———

La pendule a sonné deux heures. Le comte a essuyé ses larmes. Il en rougit maintenant. Le mot de lâcheté vient à sa bouche. Il se lève. Son front est plus sombre encore que d'habitude. Les éclairs cruels de la jalousie brillent dans ses yeux. Il vient d'avoir la vision physique de la tromperie, et, par une involontaire association d'idées, il songe à Simone, comme toujours. Non, il ne lui pardonnera jamais, à elle. Il a, sur sa table, des paquets de jouets qu'il se dispose à porter lui-même dans la salle d'études, pour les mettre à côté des souliers que les enfants ont dû y laisser. Cela lui fait horreur de toucher les objets destinés à la petite fille. Il lui semble qu'il hait cette enfant d'une haine profonde. « Et pourquoi pas ? » se dit-il, étouffant les remords qui le poursuivent souvent. D'ailleurs, n'a-t-il pas eu le courage de remplir avec elle tout son devoir? Que peut lui demander de plus sa conscience? C'est avec ces pensées qu'il monte l'escalier et qu'il pénètre dans la salle d'études, tenant d'une main un flambeau et de l'autre plusieurs des petits paquets. Il voit, au coin de la cheminée, la tache blanche que fait l'enveloppe de la lettre. Il la ramasse, il regarde la suscription. Il déchire l'enveloppe, et il lit :

« Ma maman chérie,

« Je t'écris pour te montrer ma belle écriture, et pour te dire que je suis bien sage depuis que tu es partie. Mais je ne vais plus au salon. Papa dit que les petites filles doivent rester avec Mademoiselle. Mademoiselle est bien gentille, mais Renée, tu sais, la belle poupée que tu m'as donnée, m'ennuie, et les autres joujoux aussi. Rien ne m'amuse depuis que tu n'es plus là.

« Les boucles d'Armand sont coupées, et, moi, j'ai une robe noire et un peigne comme tu ne l'aimes pas. Pierre a un pantalon tout long, et il me taquine quand je pleure. Mais Armand me soutient, et dit que c'est laid de lui. Mademoiselle m'a dit que tu es au ciel, et que tu y es heureuse. Pourquoi ne m'as-tu pas prise avec toi, j'aurais été si sage?

« Puisque tu es au ciel, demande au petit Jésus, qui peut tout, de faire que papa m'aime comme lorsque tu étais là. Il me repousse quand je l'embrasse. Pierre et Armand sont toujours avec lui, après leurs leçons, et moi, il me renvoie chez Mademoiselle, où je ne fais pas de bruit. Je n'ose pas le regarder, ses yeux me font peur. Pourtant, je te promets que je n'ai pas fait de menterie.

« Tous les soirs, il va embrasser mes frères. J'entends fermer la porte. Je fais semblant de dormir, et j'attends en fermant mes mains si fort; mais il ne vient plus, jamais plus, et je pleure pour m'endormir.

« Ma maman, toi qui m'aimes encore, dis au petit Jésus que papa ne veut plus de moi, et que je voudrais tant mourir! Et je t'embrasse de tout mon cœur, il est bien gros. »

Et l'enfant avait signé : « Ta petite Simone, qui t'aime tant. »

Le comte lut et relut ces lignes qui remplissaient les quatre pages de la feuille de papier. Quelles idées s'agitèrent tour à tour dans sa tête ?... Fut-ce sentiment de justice ? Il y a dans toute douleur d'enfant quelque chose de trop triste. Pauvres petits êtres, qui n'ont pas demandé la vie ! — Fut-ce attendrissement de l'ancien amour ? Car l'enfant d'une femme que nous avons passionnément aimée, c'est cette femme encore. — Une heure après avoir lu cette lettre enfantine, où la chère créature avait mis toute sa douleur, cet homme était dans la chambre de Simone et la regardait dormir. Et quand l'enfant se réveilla, le lendemain matin, elle ne sut pas si elle avait fait un rêve, ou si celui à qui elle donnait le doux nom de père était réellement venu l'embrasser dans son lit, comme autrefois, avec des larmes. Et, mystère par-dessus les autres mystères, il n'y a pas, à l'heure présente de Noël, d'enfant plus aimée que ne l'est la petite Simone par le comte, surtout depuis qu'à la suite d'une discussion au cercle, il a tué le marquis d'Aydic en duel, d'un coup de pistolet. Les observateurs du monde qui ont deviné le secret de la naissance de l'enfant se sont demandé pourquoi d'Eyssève a différé si longtemps sa vengeance? Que diraient-ils s'ils savaient que le comte ne s'est décidé à cette rencontre que pour avoir vu, un jour, d'Aydie embrasser Simone aux Champs-Élysées?

Paris, décembre 1886.

II

LUCIE

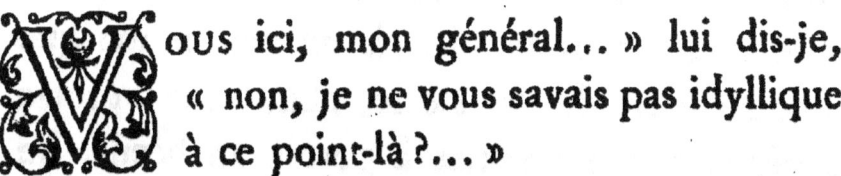ous ici, mon général... » lui dis-je, « non, je ne vous savais pas idyllique à ce point-là ?... »

Le fait est que le contraste pouvait paraître singulier jusqu'au paradoxe, entre le terrible homme que j'abordais par ce cri de surprise et l'endroit où nous nous rencontrions... Le général Garnier, qui a ses cinquante-quatre ans bien comptés aujourd'hui, malgré la taille de sous-lieutenant qu'il conserve à force d'exercice, est une espèce d'athlète à face de lion comme ce Kléber auquel il ressemble, et il me fait toujours songer à la superbe phrase que Michelet a trouvée justement pour peindre Kléber : « ... Il « avait, » dit-il, « une figure si militaire qu'on « devenait brave en le regardant. » Un coup de sabre reçu en plein visage achève de donner à Garnier une physionomie plus que martiale, redoutable, à cause du contraste entre le bourrelet rouge de la cicatrice et un teint brouillé de bile. Il y a vingt années d'Afrique dans ce teint-là où brillent deux yeux bleus couleur d'acier, toujours en mouvement comme ceux des oiseaux de proie. Un reflet d'acier semble luire aussi sur les cheveux aujourd'hui tout blancs et coupés ras, dont cette tête est comme casquée. La longue moustache encore blonde adoucit un peu ce masque de condottière du XVe siècle, planté sur un torse de géant et des épaules à porter un bœuf. Le général est célèbre dans l'armée pour sa force herculéenne qui lui permet de renouveler les exploits du maréchal de Saxe et de casser en deux un écu d'argent de cinq francs, autant que pour sa bravoure à la Ney ou que pour ses excentricités personnelles. L'ancien colonel de zouaves qui, pendant la guerre, s'est échappé deux fois des forteresses allemandes, affecte, rival en cela de son plus brillant collègue dans la cavalerie, de ne jamais porter de pardessus. Il est coutumier de ne faire qu'un repas par jour dosé d'après le système d'entraînement des rameurs anglais, afin de ne pas engraisser. Il ne fume pas, pour garder plus intact son estomac, « la place d'armes du corps. » Homme d'épée capable de tenir tête à Camille Prévost, le maître des *Mirlitons*, ce grand artiste en escrime, il manie le bâton avec la même supériorité, et les jours où il vient pour prendre la raquette au cercle du jardin des Tuileries, c'est fête parmi les paumiers, comme c'est fête chez Gastine quand il s'amuse à y faire quelques cartons. Je l'appelle en riant *felis militaris*, plaisanterie qu'il ne me paraît pas avoir encore bien comprise, mais qu'il me pardonne parce qu'il a la bonté de m'aimer, m'ayant connu tout petit garçon par des relations de famille ; et c'est bien un animal militaire, outillé de par la nature et de par sa volonté pour aller à la guerre, comme le lion, — *felis leo*, — ou le tigre, — *felis tiger*, — sont outillés pour chasser au désert ou dans les jungles... Et je le retrouvais, ce dur personnage, accoté contre un montant d'une des portes du grand salon de l'hôtel Werekieff, en train de regarder, vers quatre heures du soir, une leçon de danse donnée par un maître en redingote à sept à huit fillettes ou jeunes filles de dix à seize ans et à tout autant de garçonnets ou de jeunes gens du même âge. Mme Werekieff, qui adore ses deux filles Nadine et Louise, — Nadia et Loulia, — dont l'une a treize ans et l'autre quinze, leur a permis de prendre ainsi le grand salon pour théâtre de leurs polkas et de leurs valses, le dimanche et pendant les heures où elle reçoit. Elle se tient, elle, dans un autre salon plus petit, tout à côté, et beaucoup de ses visiteurs, attirés par la musique et par le désir de se caresser les yeux à ces frais visages d'enfants, passent par la salle de danse avant de quitter l'hôtel. J'avais fait ainsi; mais que le général Garnier eût eu la même idée et qu'il se complût au spectacle de ces couples en train de tourner parmi les accords du piano, les battements de mains du maître marquant la mesure et les éclats de rire naïvement jetés, voilà qui dérangeait mes idées sur cette espèce de Montluc moderne qui vit en vieux garçon, entre le ministère où il se trouve attaché depuis un an, son pied-à-terre de la rue Galilée où il a deux chambres meublées pas trop loin du Bois, la salle d'armes et quelques visites, très peu. Je le savais lié avec le comte Werekieff comme avec un des gauchers les plus difficiles de Paris. Cela ne justifiait pas l'intérêt qu'il semblait prendre à ce bal improvisé, et je me hasardai, tout en lui serrant la main, à répéter ma question : « Vous ici ? » au risque de m'attirer un de ces coups de boutoir comme celui qu'il a donné en ma présence à un indiscret qui le questionnait sur son poste dans la prochaine guerre :

— « Je serai employé contre les Prussiens, « voilà ! ça vous suffit-il ?... »

Il fut moins raide avec moi, sans doute parce que ce n'était pas « affaire de service, » et, d'un ton moitié bourru, moitié cordial, il me répondit :

— « Je fais de la psychologie, moi aussi... » Il eut un de ces rires intérieurs qui lui ont valu sa réputation de mauvais coucheur, puis reprenant : « C'est la seconde fille de la comtesse, cette blonde en robe rouge qui danse avec ce grand garçon mince ?... »

— « Oui, » fis-je, « Nadia... »

— « Ça marche sur ses treize ans ?... » interrogea-t-il ; et sans attendre ma réponse : « et c'est déjà roué comme potence... Vous voyez là-bas, dans un coin, ce petit rougeaud qui boude ? Observez les grâces qu'elle fait à son danseur quand ils passent près de lui... Hein ! Ce sourire ? Cet air de ne pas savoir que le rougeaud est jaloux ?... Oui, jaloux... Encore un tour... Tenez, encore un sourire... Savez-vous qu'il lui a fait une scène, là, tout à l'heure, à côté de moi qui n'avais pas l'air d'écouter. Il lui demandait de danser cette valse avec elle ; et devinez ce qu'elle a répondu : « Non, j'ai pris Edgard pour « mon *flirt* aujourd'hui... » Si vous aviez entendu ça... Le rougeaud va pleurer. Regardez-moi sa mine... Et la petite gueuse s'amuse-t-elle ? s'amuse-t-elle ?... »

Le manège de cette enfantine coquetterie était, en effet, si comique et si évident, que je me mis à suivre la valse de la petite Nadine avec une curiosité pareille à celle du général. Ses petits pieds chaussés de fins souliers vernis tournaient gracieusement, la natte de ses longs cheveux blonds remuait joliment sur sa taille, qu'une ceinture, mise à son dernier cran, rendait d'une minceur invraisemblable, même pour elle. C'était une petite fille encore, mais si grande déjà dans sa robe rouge, avec une expression si futée de son visage rosé par le mouvement et le plaisir, qu'on pressentait déjà en elle la mondaine qu'elle serait dans quelques années. Sa sœur Loulia et leurs amies paraissaient lourdes auprès d'elle, qui finit par rester la dernière. Le piano allait toujours et le maître frappait des mains, tournait tout seul sur lui-même, jusqu'à ce que Nadine allât se jeter, comme vaincue de fatigue, sur une chaise tout auprès de la place qu'occupait le petit garçon aux cheveux roux, à qui elle se mit à parler, tout en s'éventant, avec des sourires qui montraient qu'après l'avoir blessé par la jalousie, elle voulait le ramener et se prouver son pouvoir.

— « Est-ce complet?... » dit le général. « Là-dessus je décampe... Je dîne encore en ville à sept heures et demie, et je dois m'habiller... Je dîne? Façon de parler. — Venez-vous?... »

Façon de parler, en effet, car c'est encore une de ses manies de partir de chez lui ayant pris son repas, d'après ses principes, et de siéger à table sans toucher à un plat. Mais on l'admet ainsi, et moi, qui l'admets et l'admire de toutes manières, je le suis hors de la salle de danse. Nous arrivons dans l'antichambre. Il prend sa canne des mains d'un valet de chambre et me regarde avec mépris endosser une fourrure. Nous voici dans la rue, et il cambre son torse sous sa redingote serrée comme une tunique sans avoir l'air de se douter que par cette fin d'un jour froid de février, il gèle ferme. Il frappe le trottoir de son pied qu'il a mince et joli malgré sa haute taille. Il a planté son chapeau sur le coin de sa tête avec des allures de képi. Il porte beau. Mais il en a le droit. Il est si brave, et puis j'aime cette crânerie de tenue qui est bien française! Il se tait pendant un bout de chemin. Moi qui le connais, je vois, à son froncement de paupières et à sa manière de mordiller sa moustache gauche, qu'il a envie de me raconter une histoire. J'attends quelque vieille anecdote de la guerre ou de la Commune, ses sujets favoris. Je me trompais sur la nature de l'anecdote. Je ne me trompais pas sur son désir de me servir un de ces récits qu'il aime à me faire. Je l'écoute si bien; et, tout héros qu'il est, il a son petit coin de vanité. Ce n'est pas à un écrivain de railler cette vanité-là.

— « Satanée fillette!... » dit-il brusquement, « si son père s'entendait à élever ses enfants comme à ramasser un contre... Si c'était moi seulement, ce père... Vli! vlan! — Elle n'en mènerait pas large. » Il fit mine de cravacher un cheval, avec sa canne. Ce n'est pas un académicien que Garnier, et il ne ménage ni ses gestes ni ses mots. Pourtant il faut lui rendre la justice que l'énergie de son style ne va pas jusqu'à l'argot, et qu'il réserve le juron pour la caserne ou le champ de bataille. Sa terrible figure avait exprimé, tandis qu'il corrigeait imaginairement la pauvre Nadia Werekieff, une si étrange colère que pour une fois je trouvai mon héros comique, et je le lui dis :

— « Vous êtes par trop général, mon général, et pour un innocent enfantillage de coquetterie... »

— « Il n'y a pas d'enfantillage..., » interrompit-il brusquement... « Ah! monsieur l'analyste, vous aussi, des phrases toutes faites!... Regardez-moi bien. Je suis un vieux dur-à-cuire, un soudard, une baderne... Je les connais, vos mots pour nous autres. Mais dur-à-cuire, soudard ou baderne, j'en sais plus long sur l'éducation que tous vos pédagogues. Je vous le répète. Il n'y a pas d'enfantillage. Ces impressions et ces défauts de la douzième, de la treizième, de la quatorzième année, on dit que ce n'est rien; et tout l'homme en dépend. C'est comme dans les gares le petit mouvement par lequel on aiguille un train... Ce n'est rien non plus, ce mouvement ; c'est tout le voyage... »

— « Il y a du vrai, » répondis-je, amusé par sa comparaison ; et le voyant excité, j'ajoutai pour le piquer un peu : — « Mais vous exagérez... »

— « J'exagère ! » reprit-il en haussant ses larges épaules, « et si je vous disais qu'en regardant tout à l'heure ce petit rougeaud se morfondre de jalousie, et cette Nadia coqueter avec son nigaud de valseur, je voyais là devant moi, reproduite à quarante ans de distance, la scène qui m'a fait devenir ce que je suis ?... Voilà qui donne une solide tape à vos théories sur les enfantillages !... Enfantillages ! » et il rit de nouveau en dessous : — « Oui, » insista-t-il, « s'il y a dans l'armée un certain Garnier qui a fait son devoir en Italie, au Mexique et ailleurs, au lieu d'un Garnier ingénieur, notaire, avocat, médecin, que sais-je ? la cause en est à une histoire aussi naïve que celle que nous venons de surprendre. » Il regarda le cadran au kiosque d'une station de fiacres. — « J'ai trois quarts d'heure à marcher, » dit-il, « pour avoir mon compte d'exercice de la journée... Voulez-vous les marcher avec moi... Ça vous refera les muscles et je vous dirai cette histoire... »

— « Accepté, mon général, » répliquai-je; et, mon pas réglé sur le sien, nous dévalons vers l'Arc de Triomphe. Le crépuscule d'hiver envahit le ciel. Les lanternes des voitures et la flamme des becs de gaz luttent contre le brouillard qui se lève, et j'écoute ce géant aux muscles d'acier me raconter avec une voix qui s'adoucit, s'adoucit toujours, un de ces chagrins d'enfance qui sont comme ces blessures que l'on se fait au front ou aux joues en tombant, tout petit, sur un escalier. C'est vrai cependant que l'on en porte la cicatrice jusqu'à la fin.

— « Savez-vous, » commença-t-il, « que j'ai grandi, moi qui vous parle, comme un de ces mauvais galopins que nous quittons, pour qui l'on dépense deux ou trois fois la paie d'un colonel, et qui ont là, pour les servir, des cinq ou six grands flandrins de valets?... Et puis, ça entre dans la vie avec des goûts de luxe à être malheureux partout. Ça mène des existences de remplaçants qui vous détruisent un homme en quelques années plus que dix campagnes!... Ah! quand j'étais colonel et qu'il m'en passait par les mains, de ces fils à papa... Vli! vlan! » Nouveau geste de la canne, comme pour la petite Nadia. C'est fort heureux pour les jeunes gens auxquels il pensait, que le règlement défende les corrections physiques! Et il continue : — « Qu'il vous suffise de savoir que jusqu'à l'année 1848, mon père avait deux cent mille francs de rente. Il était dans les affaires. Lesquelles? Ne me le demandez pas. J'ai appris l'arabe en un an, lorsque j'étais jeune officier. Je mourrai avant d'avoir compris un mot aux spéculations qui ruinèrent ce pauvre père dans cette fatale année de la révolution. Ce que je sais bien, par exemple, c'est qu'il paya tout ce qu'il devait, mais à quel prix?... Il en mourut de douleur. Cette catastrophe mit six mois à s'accomplir. En janvier, nous avions plus de quatre millions; en septembre, ma mère était veuve, avec dix mille francs d'une rente viagère, produit d'une ancienne assurance; et en octobre, au lieu de continuer mon éducation, avec un précepteur, dans notre somptueux hôtel de la rue de la Ville-l'Évêque, j'entrais comme interne au lycée de Tours. Des amis de notre famille m'y avaient obtenu une bourse, en souvenir de mon grand-père maternel, celui qui est mort général à Waterloo. Avez-vous vu son portrait à Versailles, avec le hussard qui fume la pipe dans un coin? Je lui ressemble, en moins robuste, j'en suis sûr. Il pouvait porter quatre fusils à bras tendu en introduisant les doigts dans les canons, » il étendit la main et fit le geste de ce tour de force. — « Moi, je n'ai jamais pu en porter que trois. » — Ici, un soupir; puis de reprendre :

— « J'avais quatorze ans, lorsque je partis ainsi pour Tours avec ma mère qui allait m'installer dans ma première caserne. Et savez-vous ce qui me faisait le cœur bien gros, quand je passai le seuil du collège? Le souvenir de mon père? Non. L'idée de la mort n'offre rien d'assez précis à cet âge pour qu'on en souffre vraiment. Le regret de ma liberté perdue, de quitter ma mère et ma sœur, mon aînée d'un an, qui me gâtaient à qui mieux mieux?... Vous n'y êtes pas. Le lycée me représentait des camarades, et j'avais déjà des poings si vigoureux que je n'avais peur de personne. Ma mère et ma sœur m'avaient promis de m'écrire, et puis, je savais qu'en entrant comme boursier dans le collège, leur bien-être était augmenté d'autant. Mais voilà, j'étais amoureux. Vous entendez bien, malgré mes quatorze ans à peine sonnés, amoureux comme une bête, d'une petite amie de ma sœur, qui avait juste mon âge et qui s'appelait

Lucie. C'était exactement le même type que cette Nadia : des cheveux blonds comme les blés, — il y a une romance là-dessus, — des yeux comme des bleuets, — autre romance, — et la souplesse la plus gracieuse de tous les mouvements. Un charme de jeune fille, avec des gamineries d'enfant... Souriez, ayez l'air de ne pas y croire. Oui, je l'aimais, si c'est aimer que de penser toujours à la même personne, d'exécuter avec délices ses trente-six volontés, d'être malheureux quand elle fronce le sourcil, heureux quand elle vous sourit, d'aller quand elle vous dit : « Va, » de rester quand elle vous dit : « Reste, » enfin un de ces sentiments que nous jugeons frais comme une rose ou bête comme un chou, suivant qu'il s'agit de nous ou de notre prochain. »

— « Je n'ai pas de peine à vous croire, mon général, » répondis-je; « le plus délicat de nos poètes a fait des vers sur un sentiment pareil :

Vous aviez l'âge où flotte encore
La double natte sur le dos...... »

— « Connais pas, » fit-il, en me coupant ma citation; « toujours est-il que ce furent, quand je dus partir pour le collège, les adieux les plus déchirants, entre Lucie et moi, — du moins de ma part. — Pensez donc que nous nous voyions deux fois, trois fois la semaine; que depuis des années nous jouions au petit mari et à la petite femme; que nous avions encore passé une partie de l'été chez ses parents, à la campagne, tandis que son père s'occupait du règlement des affaires de mon père, à moi. Nous nous fîmes, dans la chambre de ma sœur, de grandes promesses de ne pas nous oublier : elle me donna une médaille pour me porter bonheur, que j'attachai à ma chaîne de montre en lui jurant de la porter toujours, et me voilà embarqué pour mon lycée de province ! Il fallut me lever à cinq heures et demie et au son du tambour, moi qui dormais à la maison jusqu'à sept heures en été, huit en hiver. J'appris à me laver à l'eau froide, dans un dortoir sans feu et devant un robinet de cuivre qui nous pleurait cette eau, moi qui avais autrefois un valet de chambre pour m'ouvrir mes rideaux, faire flamber le bois dans la cheminée, et me préparer un bain tiède. Je dus remplacer la fine cuisine d'un chef de financier par l'ordinaire du réfectoire, servi en deux temps et trois mouvements, sur des tables de marbre, sans serviette et dans une vaisselle épaisse comme ma main. Mais j'avais dans les veines quelques gouttes du sang du grand-père, de ce bon sang qui a supporté l'Espagne et la Russie, et en trois jours j'étais acclimaté, si bien que ma mère, quand elle vint me voir aux vacances de la Toussaint, me trouva grandi et forci. Je me vois encore, assis auprès d'elle dans la chambre d'hôtel où elle était descendue. — « Mon pauvre « enfant... » et elle m'embrassait. « Tu n'es pas « trop malheureux? — Non, maman. — Tout le « monde a été bon pour toi? — Oui, maman... » — Et elle me décrit alors la rue de Neuilly où elle s'est installée. Elle me raconte l'appartement par le menu, et leurs habitudes, et qu'elles n'ont plus qu'une bonne, et qu'il lui faut penser à mettre de l'argent de côté pour ma sœur, si elle-même venait à manquer... Toutes ces choses me touchaient, celles du moins que je pouvais comprendre; mais je dois avouer à ma honte que j'étais beaucoup plus préoccupé de lui poser une certaine question. — Vous devinez laquelle? J'avais écrit à Lucie: elle m'avait répondu, une fois; puis j'avais récrit, et pas de réponse. Et c'est justement de Lucie que je voulais demander des nouvelles à ma mère. Le croiriez-vous : avec ce coffre-là, » — et il fit : « hum, hum ! » fortement, — « avec cette figure, » — et il tourna vers moi son espèce de mufle léonin, « j'ai toujours été timide pour ce qui me tenait au cœur, et ce fut le second jour seulement que j'osai dire à ma pauvre mère : — « Et Lucie ?... » avec le pourpre de la honte sur mon visage. Ma mère, grâce au ciel, n'y prit pas garde. Elle avait d'autres soucis en tête : — « Lucie ? » fit-elle, « nous ne l'avons « guère vue ces derniers temps. Je pense qu'elle va « bien. Nous avons été si occupées de notre instal- « lation... » Et ce fut tout. Ma mère partit. Je demeurai seul de nouveau dans le vieux lycée. J'écrivis une autre fois encore, puis une autre fois. Toujours pas de réponse. Je me cassais la tête à m'expliquer ce silence, à l'abri de mes dictionnaires, durant l'étude du soir, et plus prosaïquement je cassais d'innombrables lames de canif à graver dans le bois de mon pupitre un L. H. digne d'elle, car je continuais de l'aimer, aussi naïvement que j'ai vu depuis des conscrits aimer leur promise. Paysans et enfants, ça se ressemble, et ça ressemble aux bœufs, ça rumine, rumine, rumine, sans trop le savoir. Ce qui ajoutait encore à ma secrète exaltation, c'était la lecture assidue, le dimanche soir, et la semaine finie, des mauvais romans de Gustave Aymard. Je me voyais partant avec Lucie pour les pampas, la nourrissant de ma chasse, un tas de sornettes qui ne sont pas beaucoup plus absurdes que celles dont vous gratifiez les amoureux de vos livres, et les miennes avaient pour excuse d'être doublées d'un sentiment sincère. J'étais de bonne foi dans ma folie enfantine. Combien d'hommes peuvent en dire autant?

« Il était convenu que je viendrais à Paris pour le 1er janvier, et le 28 décembre 1848, — 1848, 1888, c'est une étape, et c'est hier pour moi, — je me trouvais en fiacre vers cinq heures du soir, par un temps comme celui-ci, assis sur la banquette en face de ma mère et de ma sœur, et si content de me retrouver entre ces deux tendresses! J'embrassais l'une. J'embrassais l'autre. Je riais. J'avais des larmes aux yeux. Je leur disais que je les aimais et que j'avais été premier en thème, que le pion était méchant et que nous serions bien heureux de dîner ensemble tous les trois. Enfin de ces incohérents discours où s'épanche la joie nerveuse des enfants. La mienne, hélas! tomba bien vite, rien qu'à passer le seuil du logement où vivait ma mère. Quand j'étais parti pour Tours, elle habitait encore notre hôtel, provisoirement. Ce fut là, dans ces étroites pièces, que j'eus pour la première fois, par le contraste, l'impression vraie que nous étions ruinés. Les quelques meubles que ma mère avait sauvés du naufrage contrastaient cruellement par leur élégance avec la pauvreté du logis. Son portrait en pied et celui de mon père, qui décoraient autrefois le panneau de notre grand salon, touchaient presque le tapis maintenant avec la bordure de leur cadre, tant le plafond était abaissé. Plus de valets de pied pour nous recevoir, mais une bonne à tout faire, qui s'agenouilla devant la cheminée pour y allumer un feu économique de coke dans une grille. D'un coup d'œil je saisis ces détails et je compris!... Mon cœur se serra bien fort, et davantage lorsque, ayant questionné ma sœur au sujet de Lucie, elle me répondit avec une amertume que je ne lui connaissais pas : — « Je la vois à « peine maintenant, nous ne sommes plus d'assez « beau monde pour elle. C'est une sans-cœur. »

« Une sans-cœur?..... Pas d'assez beau monde?... Voulez-vous la preuve que, malgré mes quatorze ans, j'étais un vrai amoureux, avec tous les niais espoirs qui luttent contre l'évidence? Ce que venait de me dire ma sœur s'accordait trop bien avec le silence de Lucie. J'aurais dû deviner, pressentir au moins que c'en était fini de ce petit roman d'enfance, mon premier et, ma foi, mon dernier. Depuis je n'ai plus eu le temps ni le goût de faire l'Hercule aux pieds d'Omphale, comme vous dites, vous autres... Hé bien! non! Je ne pus pas admettre cette fin-là, et le lendemain de mon arrivée je m'acheminais vers la maison de Lucie, un hôtel, rue Chaptal, aussi beau qu'avait été le nôtre. J'arrive. Je sonne. La porte tourne dans le vestibule. Je vois des amas de pardessus. J'entends de la musique. Sans réfléchir je passe dans le salon que m'ouvre le domestique, et je me trouve au milieu d'un petit bal costumé où polkaient, valsaient, quadrillaient, gais comme ceux de tout à l'heure, une cinquantaine d'enfants de mon âge. Les étoffes brillaient, les rires éclataient, les petits pieds tournaient, le piano chantait, et moi, ahuri comme un oiseau de nuit subitement jeté dans une volière d'oiseaux de jour, j'entendais la mère de Lucie me dire avec la réelle bonté qu'elle eut toujours, allez donc croire à vos sottises sur l'hérédité, après cela : — « Que « tu arrives bien! Mais tu vas danser avec les « autres et rester à goûter... Lucie!... » —Et elle appela sa fille qui, déguisée en bergère, avait pour danseur, je m'en souviens comme de ma première bataille, un petit torero, avec un taureau en baudruche sous son bras resté libre. Lucie s'approche, elle me voit. J'ai eu quelques sensations dures dans ma vie, j'en porte la trace, » — il met l'index sur la cicatrice qui balafre son visage, — « mais le salut de celle que j'avais l'habitude d'appeler en moi-même ma petite femme, mais le regard de ses yeux bleus, mais sa manière de me donner le bout des doigts et de se sauver tout de suite pour continuer sa danse, ce fut quelque chose de si imprévu, de si contraire à tous mes rêves, de si dédaigneux aussi, que je demeurai cloué sur place, tandis que la maîtresse de maison, croyant m'avoir confié à des mains amies, s'occupait à d'autres soins pour ses invités. Il y avait bien parmi ces visages des figures d'anciens camarades, dont quelques-uns me reconnurent et me dirent bonjour, avec cette indifférence des enfants entraînés par le plaisir. Que m'importait d'ailleurs ? Assommé par l'accueil de Lucie, et affolé de timidité, je voulais pourtant essayer de lui parler. Comme elle dansait toujours du même côté, j'arrivai à me glisser jusque-là, non sans heurter nombre de chaises

et sans marcher sur nombre de pieds. Enfin, me voici dans un angle de fenêtre, perdu entre deux hommes qui se tenaient debout, comme vous et moi, tout à l'heure, et à une longueur de bras de Lucie qui bavardait en s'éventant. Je l'écoute. Elle cause de ceci, de cela, avec le torero. Ah! que j'aurais aimé le tenir dans la cour de mon lycée, et au bout de mes poings! Et en une minute, voici exactement ce que j'entends :
— « Quel est donc ce vilain petit collégien avec « qui votre mère parlait tout à l'heure? » — Je vois un peu de feu sur les joues de Lucie. Elle rougit de moi et elle dit d'un air gauche : — « Je crois que « c'est un petit Garnier. — Quelle touche ! » fait le torero, et Lucie de rire et de répéter : — « Oui, quelle touche ! » — En ce moment les messieurs se déplacent, je me regarde dans une glace qui est juste en face de moi, de l'autre côté de la chambre, et je me vois avec ma tête tondue, mes grandes oreilles écartées de cette tête, mon menton coupé par le col de satin noir que nous portions militairement, mon corps boudiné dans ma tunique, et cet air potache, où il y a un peu de tout, de l'enfant de troupe et du poulain trop haut sur pattes, du déluré et de l'hébété. Je me trouve si laid que ma rage

contre mon ancienne amie se noie dans un sentiment de honte. Si je reste là, je sens que je vais pleurer et crier. Et je m'échappe en bousculant de nouveau chaises et gens, la figure rouge comme le liséré de ma tunique, et quand je suis dans la rue, je me mets à sangloter comme une bête. Je n'aurais su dire au juste si ce que je sentais était de l'indignation, de la jalousie, de la vanité blessée, ou tout simplement de l'amour trahi. Toujours est-il que, mes sanglots une fois rentrés, et tout en reprenant le chemin de l'humble logis où du moins j'avais de vrais cœurs à moi, je fus arrêté sur le bord d'un trottoir par un flot de peuple qui regardait passer un escadron de lanciers en train de revenir d'une corvée officielle. J'eus la bonne chance d'être poussé contre un banc sur lequel je me hissai et d'où je pus voir défiler ces superbes soldats. Vous vous les rappelez? Je voyais leur shapska avec son plumet rouge, leur lance avec son guidon, les têtes et les croupes de leurs montures : — « Comme ils sont beaux! » — dit avec extase à côté de moi une petite fille du peuple. Est-ce étrange, cela? C'est à cette même place, et en entendant ce cri d'admiration de cette gamine des rues, presque aussitôt après avoir entendu la phrase de dédain à mon égard, prononcée par la petite fille riche ; oui, c'est à cette place que j'eus pour la première fois l'idée de porter, moi aussi, un uniforme comme celui-là, et d'entendre dire : « Comme il est beau ! » sur mon passage. Ai-je besoin de vous avouer que j'y mêlais la plus extravagante espérance de reconquérir le cœur de Lucie ? — Cette espérance disparut bien vite, mais le grain qui était tombé dans mon cœur, par cette après-midi de décembre, a levé, et vous savez la moisson... Comprenez-vous pourquoi je regardais caqueter la petite Nadia avec tant d'intérêt tout à l'heure, et pourquoi je vous disais : — Il n'y a pas d'enfantillages ? »

Nous étions devant sa porte. Je le quittai, la tête remplie de la seule histoire sentimentale que je doive jamais l'entendre conter. Tout en remontant les Champs-Élysées et dans le soir tout à fait venu, je me souvenais de ce que Mérimée disait de lui-même, que le premier germe de la défiance et du scepticisme avait été jeté dans son cœur par une moquerie de sa mère, surprise derrière une porte ; et, pensant à cette espèce de poussière de sensations qui voltige autour des âmes d'enfant, à ces mille grains invisibles qui peuvent lever, pour le bien ou le mal, — comme avait dit le général, — je pensais que c'est une chose bien grave que d'avoir des fils et des filles, et que beaucoup la prennent, cette chose bien grave, bien légèrement.

Venise, mai 1888.

III

ALINE

AUTRE RÉCIT DE NOËL

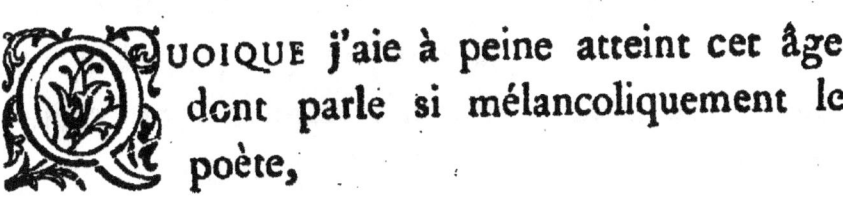UOIQUE j'aie à peine atteint cet âge dont parle si mélancoliquement le poète,

Nel mezzo del cammin di nostra vita...

je compte déjà presque autant d'amis sous terre que sur terre, et, à de certains moments de l'année, lorsque c'est fête sur les calendriers et dans les rues, aux foyers des familles et dans les yeux des enfants, il m'arrive de me souvenir de ceux pour qui ce ne sera plus jamais fête, avec une tendresse singulière, — avec bien du repentir aussi quelquefois. Comment penser aux morts sans le regret de ne pas les avoir assez aimés lorsqu'ils vivaient? Que de visages m'apparaissent dans ces heures-là! Ceux-ci fatigués, vieillis, travaillés par le temps; d'autres tout jeunes, avec la fraîcheur de la grâce adolescente! Hélas! il n'y a plus ni jeunesse ni vieillesse dans l'ombre éternelle où ils se sont tous également évanouis. Puis, comme le visiteur d'un musée, après avoir erré parmi les tableaux, finit par se fixer sur une toile qu'il contemple seule, je finis, moi, par choisir entre ces fantômes une forme et un souvenir auquel je m'attache. Cette forme se fait presque palpable, ce souvenir se précise jusqu'à remuer mon cœur d'un battement plus rapide. La pourpre du sang colore à nouveau des joues à jamais décomposées. Des prunelles qui ont cessé de voir depuis bien longtemps, s'éclairent et regardent. Des lèvres se déploient et tremblent. Elles vont sourire. Elles vont parler... Voici des mains, des épaules, une silhouette, une respiration, une âme. C'est une demi-hallucination si forte que je redoute ces crises de mémoire à cause des rêves inévitables qui hantent le sommeil de la nuit suivante. Mais qui ne les a connus au lendemain d'un enterrement, ces cauchemars obscurs, si étrangement mêlés de délice et de terreur, où l'on voit les morts avec cette double sensation qu'ils sont bien là, réellement, devant nos yeux, — et qu'ils sont des morts ? On cause avec eux, on les presse contre sa poitrine, on erre en leur compagnie dans le décor de l'existence quotidienne ; et on se rappelle en même temps le détail de leur convoi funèbre que l'on a suivi, que l'on a conduit quelquefois, sans comprendre comment ils sont ici, quand nous savons qu'ils sont *là-bas*.

J'ignore si tous les hommes sont également les victimes de ce reflux douloureux du passé sur le présent. Il faut croire que non, puisque tant de vieilles gens survivent avec tant de gaieté à tous leurs compagnons. Ma destinée a voulu que je visse, moi, tout enfant, s'en aller des êtres bien chers, et j'ai trop continué de les aimer, même alors. J'ai eu ainsi, dès cette époque où chaque journée nouvelle semble une vie nouvelle, des anniversaires trop nombreux. Et, pour n'en prendre qu'un parmi tant d'autres, dès ma dixième année, ce jour de Noël, si rempli de gaieté pour les autres petits garçons, m'a représenté le plus mélancolique des souvenirs, celui d'une enfant de mon âge qui mourut deux jours avant cette fête, et qui avait été ma première amie. Encore aujourd'hui, que cette mort date de plus d'un quart de siècle, et que j'ai d'autres croix auxquelles pendre d'autres couronnes dans le cimetière des affections éteintes, je ne saurais doubler ce tournant d'année sans revoir Aline, — c'était le nom de la petite morte, — et la vieille maison de province où nous habitions alors, elle au troisième étage et moi au second, et le jardin de cette maison, et le cirque de montagnes volcaniques qui s'aperçoit à l'horizon de toutes les rues. Je revois la couleur presque noire de la lave dont la ville est bâtie, les rues étroites avec leur cailloutis sur lequel sonnait le bois des galoches quand les paysans venaient au marché, la cathédrale inachevée qui dominait cette sombre ville, et d'autres détails : au rez-de-chaussée de notre maison, un boulanger qui cuisait des échaudés au beurre en forme de trèfle, un maréchal ferrant chez qui des bras nus battaient le fer rouge dans un tourbillon d'étincelles; devant les fenêtres, la place où se dresse la statue d'un général de la première république, sabrant l'ennemi, et mon amie Aline en robe de deuil, — elle venait de perdre sa mère quand son père s'établit au-dessus de nous, — et autour d'elle le cadre du jardin qui fut l'asile de nos plus beaux jeux.

Il appartenait, ce jardin, à la propriétaire, une vieille dame très pieuse et malade, qui n'y descendait jamais. Nous apercevions son profil, ennobli par deux longues anglaises blanches et coiffé d'un bonnet à rubans clairs, derrière la croisée du premier étage. Un des carreaux de cette fenêtre était d'un verre plus glauque, différence de nuances qui donnait un je ne sais quel air plus vieilli encore à ce visage toujours penché sur un livre de prières ou sur un travail de crochet destiné aux pauvres. Par delà le mur du jardin, qui était borné par d'autres, les montagnes dressaient leurs cônes tronqués ou leurs ballons renflés, et des silhouettes de châteaux-forts ruinés qui s'esquissaient sur leurs crêtes. Je le dessinerais à une allée près, ce jardin, avec ses bordures de buis, ses groseilliers que l'on empaillait à l'automne, ses poiriers ouverts comme des mains le long des murailles. Rien qu'à y songer, je retrouve l'arome du seringa du fond, sous lequel Aline s'assit une des dernières après-midi où elle put sortir, toussant fébrilement, et pâle comme les fleurs de l'arbuste. Il y avait aussi des files de rosiers dressés sur leurs minces bâtons, et, dans la saison, sur ces rosiers, de si magnifiques roses au cœur pourpré, d'autre que j'arrachais avant l'heure pour ouvrir de mes doigts curieux les pétales encore repliés. « Ah! méchant Claude, » me disait Aline, « tu les as tuées tout de suite. » Des papillons comme ceux qui voletaient parmi ces fleurs, il me semble n'en avoir plus revu, quoique ce ne fussent que des Vulcains bariolés, des Citrons couleur de soufre, des Machaons aux ailes garnies d'un éperon, des Paons de jour ocellés de bleu. Je les poursuivais avec un acharnement de chasseur; mais Aline ne me permettait pas de les piquer, comme c'était mon rêve, et quand je lui apportais un de ces frêles insectes, elle le prenait entre ses doigts pour admirer la délicatesse des teintes, puis elle ouvrait sa main et le regardait s'échapper de son vol inégal et tournoyant. C'étaient là nos joies de l'été, mais nous adorions aussi le jardin, l'hiver, lorsque la neige effaçait les formes des allées, que sur les murs et sur les branches la gelée de la nuit aiguisait de véritables poignards de glace, et que nous recommencions notre grand projet, à jamais irréalisable, de construire dans cette neige une vraie maison pour nous abriter tous les trois, Aline, moi, et, faut-il l'avouer? une grande poupée qu'elle avait et qu'elle appelait tour à tour « Marie » et « Notre fille, » une merveilleuse poupée aux yeux bleus entre de vrais cils, aux joues roses, aux cheveux de soie blonde, aux jambes et aux bras articulés, enfin un incomparable joujou qui m'aurait été une cause de honte éternelle si mes camarades du lycée, — j'y allais déjà, — avaient pu soupçonner son existence. Mais quand Aline était là, que ne m'aurait-elle pas fait faire, tant je l'aimais, cette sœur de hasard que m'avait donnée le voisinage?

Le charme d'Aline résidait dans une espèce de douceur sérieuse qui faisait d'elle une enfant très différente de toutes celles que j'ai connues depuis lors. Elle était petite, délicate, comme fragile, et, je l'ai dit, trop pâle, ce qui serrait le cœur quand on songeait que sa mère était morte d'une maladie de poitrine. Dès cette époque, elle avait la gravité précoce des créatures jeunes qui ne doivent pas vivre, avec ce rien d'achevé déjà, de trop accompli, qui les distingue. La mesure que cette petite fille de neuf ans apportait à ses moindres actions, la modestie de ses gestes, l'ordre soigneux de tous les objets autour d'elle, une involontaire antipathie qu'elle éprouvait pour les jeux bruyants, l'irréprochable sagesse de sa conduite, la visible sensibilité de son être intime, — autant de qualités qui auraient dû, semble-t-il, la rendre odieuse à un garçon comme j'étais, fougueux, dégingandé, désobéissant et brutal. Ce fut pourtant l'effet contraire qui se produisit, et du jour où je commençai d'être son ami, elle acquit sur moi une influence d'autant plus irrésistible que j'y cédais comme par instinct. Aujourd'hui que j'essaie de reconstruire mon âme d'enfant par delà les années, je reconnais que cette innocente fillette, dont les pieds légers descendaient sans bruit les marches de pierre dans l'escalier de la vieille maison, éveilla la première en moi ce culte du doux esprit féminin que les plus cruelles expériences n'arrachent jamais tout à fait d'un cœur. Avec mes autres camarades, il n'était point de gamineries dont je ne fusse capable, et j'avais dû être sévèrement puni pour avoir, à diverses reprises, trompé la surveillance de ma bonne dans le but d'accomplir un certain nombre d'exploits réservés aux pires vagabonds de la ville : monter tout debout sur le rebord de la fontaine qui décore la place de la Poterne et boire l'eau à même la gueule de lion en cuivre; m'asseoir à califourchon sur la rampe en fer du grand escalier qui joint le boulevard de l'Hôpital à une ruelle construite en soubassement et me laisser glisser jusqu'en bas. Naturellement j'étais tombé dans la fontaine et j'avais dégringolé le long de l'escalier. J'avais été mouillé, déchiré, écorché, puis fortement puni... Hé bien ! je ne me retrouvais pas plus tôt auprès d'Aline, durant les après-midi des jeudis et des dimanches où il nous était permis de jouer ensemble, qu'une personne nouvelle s'éveillait dans le garçonnet à demi sauvage. — Je cessais de crier, de sauter, de gesticuler, par crainte de déplaire à cette fée en miniature, dont les doigts fins n'avaient jamais une tache, les vêtements jamais un accroc. On me la proposait pour modèle et je ne me révoltais pas là contre. Je lui obéissais aussi naturellement que je désobéissais aux autres. J'acceptais ses jeux au lieu de lui proposer les miens.

J'admirais tout d'elle, depuis la finesse de ses cheveux blonds et la douceur de sa voix jusqu'aux signes les plus petits de sa raison ; — par exemple, le soin qu'elle avait de garder sans y toucher l'arbre de buis garni de gâteaux que l'on nous donnait au matin des Rameaux. Mon arbre à moi était pillé dès le soir. Le sien durait tard encore dans l'automne. Il est vrai qu'ayant voulu faire un jour la dînette avec un de ces gâteaux ainsi conservés, nous dûmes le broyer avec une pierre, tant il était sec ! Jamais les miens ne m'avaient fait un tel plaisir.

Lorsque nous ne jouions pas dans le grand jardin, — et durant la dernière année, nous ne pûmes guère y descendre, parce que ma petite amie était trop faible, — notre endroit de prédilection était sa chambre à elle, une pièce étroite, avec une seule fenêtre qui ouvrait sur la place et d'où nous pouvions voir très distinctement les plumes dont s'ornait le chapeau du général de bronze juché sur son socle de canons et de boulets. Ai-je dit qu'Aline vivait seule avec son père et une bonne, une payse de la mienne, qui s'appelait Miette ? Le père occupait une modeste place à la préfecture. Mais la famille avait dû connaître des jours plus fortunés, car l'appartement était rempli de meubles aux formes démodées qui attestaient d'anciennes élégances, et tout tendu de vieux tapis qui étouffaient le bruit des pas. Pour que cette impression de jadis fût plus complète, il arrivait qu'Aline et moi nous étalions, sur ce tapis aux nuances passées, les divers jouets qui lui venaient de sa mère. Sans doute cette malheureuse femme avait été une enfant aussi soigneuse que sa fille, car elle avait dû jouer elle-même avec les jouets que nous passions ainsi en revue. Presque tous gardaient une physionomie d'un autre temps, un délicieux air de choses fragiles et un peu fanées. Nous aimions surtout une suite de personnages en carton colorié, qui se tenaient debout grâce à un mince morceau de bois collé à leurs pieds et qui représentaient dans un décor approprié les habitants d'un village ; mais c'était un village où les paysans portaient des costumes de bergers et de bergères de l'ancien régime. Nous les comparions, nous, avec un intérêt jamais épuisé, aux *brayauds* et aux *brayaudes* qui venaient vendre leurs pommes de terre et leurs poulets, leurs poires et leurs raisins, suivant la saison, sur la grande place, le jour du marché. Nous aimions aussi de petits livres, des almanachs d'années lointaines, serrés dans des reliures et des gaines d'une soie décolorée, et d'autres livres à images où nous nous hébétions à regarder des petits garçons en chapeau de haute forme, drapés d'un habit à collet monumental, et des petites filles en fourreaux, coiffées de cheveux à la Prud'hon. C'étaient encore d'anciens ménages, aux porcelaines délavées par le temps; des lanternes magiques dans les verres desquels nous distinguions les uniformes des soldats de l'Empereur. La mère morte de ma petite amie revivait dans un tableau pendu au mur où elle était représentée dans une scène de famille, d'après le goût ancien, toute petite et serrant la tête d'un mouton. Les rideaux baissés atténuaient la lumière. Le feu brûlait à petit bruit. Il n'y avait pas d'autre horloge dans cette chambre que les rais du soleil, qui, par la fenêtre, entraient en faisant danser une poussière d'atomes, et qui tournaient, tournaient avec la fuite du jour. Sur la cheminée une maisonnette barométrique laissait tour à tour sortir et entrer un capucin et une religieuse, et j'aurais été parfaitement heureux si je n'avais surpris des larmes dans les yeux du père d'Aline, lorsque par hasard il venait regarder notre jeu et que ma compagne toussait de cette toux déchirante qui m'avait déjà inquiété vaguement, pour la première fois, sous le seringa.

A m'étaler ainsi le musée de ses jouets vieillots, Aline déployait une sorte de grâce pieuse, tournant les feuillets des livres avec les délicatesses d'un souffle, rabattant le papier de soie sur les gravures, sans un pli, et plus fée que jamais auprès du lourdaud que je me sentais devenir davantage à chacun de ses gestes menus. Mais nous n'aurions pas été des enfants, si la puérilité ne s'était mêlée à la poésie de ces jeux ; et cette puérilité était représentée par la poupée dont j'ai parlé. Cette fille occupait dans les rêveries d'Aline une place telle que j'avais fini, moi aussi, par considérer « Marie » comme une personne de chair et d'os, et par me prêter de bonne foi à cette comédie que tous les enfants de tous les temps ont improvisée, improvisent et improviseront pour la grande joie de leur fantaisie. Quand Aline commençait de me parler de « Marie, » en me disant : « Marie a fait ceci... Marie fera cela... Marie aime telle toilette, elle n'aime pas telle autre..., » cela me paraissait tout naturel, et j'aidais aux goûters de cette poupée miraculeuse.

Je préparais la table pour elle, dans l'angle, au coin de la cheminée, que nous lui avions choisi pour chambre. Des meubles minuscules et beaucoup trop petits pour cette grande fille paraient cette chambre imaginaire. C'étaient les vieux meubles qui avaient été donnés autrefois à la mère d'Aline, avec une poupée toute petite sans doute, si bien que la nôtre prenait, au milieu d'eux, des allures de jeune géante. « Marie » ne possédait qu'un fauteuil à sa mesure que j'avais acheté pour elle et dans lequel Aline l'asseyait en visite, sans que nous fussions étonnés que ce fauteuil occupât deux fois la place du lit. La stupidité d'un sourire éternel s'épanouissait sur sa bouche de porcelaine. Elle était là dans ce fauteuil, les mains dans son manchon, une toque de velours sur ses cheveux, immobile, et Aline, après l'avoir contemplée, ne manquait jamais de me dire :

— « N'est-ce pas, qu'elle est belle? On croirait qu'elle va parler... »

D'autres fois, c'étaient des phrases étrangement profondes que prononçaient ces lèvres fines qui venaient de parler de « Marie » ou à « Marie, » — de ces phrases comme on n'admet pas que les enfants puissent en dire, sans doute parce que le contraste est trop fort entre la niaiserie habituelle de leurs divertissements et la tristesse de certaines réflexions. Ainsi, à propos d'un oiseau que j'avais perdu, je me rappelle qu'un jour, dans cette même chambre et parmi ces mêmes objets, nous en vînmes à parler de la mort, et qu'elle me demanda :

— « Est-ce que tu aurais peur de mourir ? »

— « Je ne sais pas, » lui répondis-je.

— « Ah! » dit-elle, « c'est si ennuyeux, la vie!... C'est toujours la même chose, on se lève, on s'habille, on mange, on joue, on se couche, et puis c'est toujours à recommencer... Mais quand on est mort... »

— « Quand on est mort, on est un squelette, » lui dis-je, finissant la phrase sur laquelle elle restait.

— « Non, » dit-elle, « on voit maman et les anges. »

———

Je livre ces mots, avec ce qu'ils renferment de lassitude prématurée et de naïveté, aux philosophes qui s'occupent de la psychologie de l'enfant. Ils n'ont que le mérite d'être authentiques. Pour moi, j'ai dès longtemps renoncé à comprendre ce mystère entre les mystères, l'éclosion d'une intelligence et d'un cœur. A quelle minute commence en nous la souffrance de penser? A quelle seconde le mal d'aimer? L'âme de la femme et celle de l'homme ne sont-elles pas tout entières déjà dans l'étonnement que l'inexplicable séparation d'avec sa mère morte inflige à une petite orpheline, dans la tendresse passionnée qu'inspire à un garçon de dix ans la délicatesse souffrante de sa compagne de jeux? Délicate et souffrante, ah! ma pauvre Aline l'était bien plus que ne pouvait le prévoir ma sympathie obscure d'ami; et il vint un temps, c'était le commencement de l'hiver de mes dix ans, où il ne me fut plus permis de jouer avec elle, pour ne pas la fatiguer, — une semaine où elle ne sortit plus de son lit, — et un jour, la veille de Noël, où j'entrai en pleurant dans cette chambre qui m'avait été si douce, pour y voir Aline une dernière fois; et elle était morte, couchée dans un lit, qu'un crucifix protégeait, aussi complètement immobile que la poupée restée sans doute auprès d'elle par une dernière fantaisie de malade, et qui la regardait, assise sur sa grande chaise, tout au pied de ce lit. Seulement les yeux bleus de « Marie, » ces yeux de verre si gais entre leurs cils noirs, continuaient de s'ouvrir et de briller, au lieu que les yeux bleus, avec leur azur aimant, étaient fermés pour toujours. Les joues de « Marie, » ces joues de porcelaine peintes du plus clair vermillon, sa bouche de rose, conservaient leur éclat de jeunesse, tandis que la pâleur de cire des joues si minces d'Aline et la lividité violette de sa bouche faisaient mal à regarder. Comment ai-je remarqué ce contraste à cette heure même où d'être là me tirait des larmes bien vraies? Il semble que les enfants aient une activité si vive de leurs sens que ces sens fonctionnent presque tout seuls, même quand leur âme est occupée par le plus sincère chagrin. Oui, je me souviens d'avoir vu cela du même coup d'œil : mon amie morte, la poupée auprès, et plus loin, écroulé sur un fauteuil, le père d'Aline, et le geste par lequel cet homme serrait sa main gauche de sa main droite, et la ligne d'un tricot brun sur son poignet. Il flottait dans la chambre une odeur douce de lilas blanc. C'était la vieille dame d'en bas, celle dont le profil et les anglaises nous fascinaient, Aline et moi, qui avait envoyé ces fleurs, si rares dans notre ville, et que je n'avais jamais respirées. Et quand je fus demeuré quelques minutes immobile moi-même, comme stupéfié par ce spectacle, Miette, qui m'avait introduit, me prit par la main et me dit :

— « Va lui dire adieu. »

Je marchai jusqu'au petit lit, je me haussai sur les pieds. Alors, dans le parfum des lilas, je sentis à la fois sur mes lèvres le froid de la joue de la petite morte, et contre ma joue la caresse souple, comme vivante, des boucles de ses cheveux que j'avais effleurés en me penchant, et dans mon cœur une inexprimable tristesse.

———

Les mois passèrent, et mes parents continuèrent d'habiter la vieille maison dans la vieille ville. Seulement, on crut devoir me mettre comme pensionnaire au lycée, sans doute parce que, depuis la disparition d'Aline et de son assagissante influence, j'étais devenu un jeune animal indomptable. Je sortais une fois le mois, quand je n'avais pas été trop indiscipliné; mais deux fois la semaine, le jeudi et le dimanche, nous allions en promenade, et, deux par deux, nous traversions la ville sans parler, — tels étaient les règlements des collèges d'alors. — Il m'arrivait très souvent, quand nous défilions sur le boulevard qui longe la préfecture, de rencontrer le père d'Aline qui s'en revenait de son bureau ou qui s'y rendait. Il marchait, vêtu de noir, un peu courbé quoiqu'il n'eût pas quarante ans, tenant à la main une canne, un jonc à pomme d'ivoire que je connaissais si bien. Il ne manquait jamais de me chercher dans la file des collégiens en tunique sombre, et de me saluer avec un sourire très triste et très doux. De mon côté, je ne manquais jamais, les jours de sortie, de monter jusque chez lui. Miette venait m'ouvrir et me faisait entrer, après des compliments sur ma mine et ma taille, dans une sorte de salon-bureau où le veuf se trouvait, et qui communiquait par une porte avec la chambre de ma petite amie. Un jour que cette porte était ouverte, je ne sus pas me retenir d'y jeter un regard furtif, et le père, qui surprit ce regard, me dit simplement :

— « Veux-tu revoir sa chambre? »

Nous y entrâmes. C'était en été. Le père ouvrit les volets fermés, et le soleil inonda de sa lumière la chambre de la morte. Elle enveloppa, cette gaie lumière, et le tapis râpé sur lequel nous avions tant joué, et le lit maintenant tendu de serge où je l'avais vue si pâle, si tristement immobile, et le placard où dormaient les habitants du village, et « Marie, » la poupée, assise dans son fauteuil sur la commode, ses yeux bleus toujours ouverts, sa bouche toujours souriante et dans sa toilette de visite.

— « Tu te rappelles comme Aline aimait cette poupée? » me dit le père en la prenant et me la montrant. « Croirais-tu qu'elle m'avait demandé de la mettre dans ses bras quand elle serait morte, pour l'emporter au ciel et la montrer à sa maman. Miette voulait l'enterrer avec... Moi, je n'ai pas pu me séparer d'un seul des objets qu'elle a aimés... »

———

Des mois passèrent encore, beaucoup de mois. C'était le troisième Noël depuis celui où Aline était morte, et bien des changements s'étaient accomplis. J'étais, moi, un garçon de treize ans qui avait déjà fumé sa première cigarette, — un jeudi de congé, dans ce jardin autrefois tant aimé par Aline, pas loin de cette ligne de rosiers où je lui cherchais de ces jolis insectes verts à reflets bruns, des cétoines dorées qui dorment au creux des belles roses. La vieille dame aux longues anglaises blanches se tenait bien toujours derrière la fenêtre du premier étage.

mais la chute d'une échelle ayant troué le vitrage de cette fenêtre, le carreau plus vert que les autres avait disparu. Miette aussi a disparu. Je l'ai vue, une après-midi, à la récréation de quatre heures, arriver sur le perron de la cour du collège. Elle m'a fait demander au parloir, et la brave créature au teint terreux, — de la couleur des noix sèches qu'elle tira de son tablier bleu, — m'a rapporté une nouvelle pour moi monstrueuse. Le père d'Aline se remariait. Il épousait une dame veuve qui avait déjà une petite fille de huit ans. Cette petite fille devait occuper la chambre d'Aline. Miette m'a raconté comment elle a pris congé de son maître quand le mariage a été chose décidée :

— « Monsieur est le maître, que je lui ai dit, mais j'ai trop aimé Madame et Mademoiselle pour en avoir d'autres à leur place... Ça m'est *émagine* que ça porte malheur de peiner les morts... »

Et Miette m'a narré, par la même occasion, l'histoire d'un veuf qui, étant à la veille de prendre une seconde femme, s'était réveillé dans la nuit avant la cérémonie et avait senti sa main serrée par une main toute froide.

— « C'était celle de sa défunte, » a ajouté Miette, « — il a passé dans l'année... »

Miette est partie pour son village. Le mariage s'est fait. Moi, je n'ai pas eu besoin que ma chère Aline revînt la nuit me serrer la main pour prendre en horreur celle qui la remplaçait ainsi dans notre maison et dans le cœur de son père. C'était trop naturel que ce malheureux homme voulût refaire sa vie. Mais c'était trop naturel aussi qu'un garçon de treize ans ne le comprît pas. Je cessai donc presque absolument mes visites dans l'étage au-dessus du nôtre, et à l'approche de ce Noël qui devait être le troisième anniversaire de la mort d'Aline, je crois bien que je n'avais pas parlé dix fois à la petite Émilie, — ainsi s'appelait la nouvelle venue. Cette pauvre fille, très innocente des haines que je lui vouais, était une grosse et simple enfant qui aurait bien voulu jouer en ma compagnie dans le jardin. Mais cette seule idée me donnait une sorte de colère contre elle, qui s'augmentait de ce fait que, dès le second mois de son intrusion dans la maison, j'avais vu entre ses bras la propre poupée de mon ancienne amie, cette « Marie » qui avait été sa fille, — notre fille. Je me rappelle encore l'accès de rage dont je fus saisi lorsque ce spectacle sacrilège frappa mon regard, un jeudi de promenade où je rencontrai le père, la nouvelle femme et la petite fille. Mon Dieu ! comme je me rends compte aujourd'hui de la petite scène qui avait dû se passer dans le ménage !... La maman trouve cette poupée dans un placard et la donne pour quelques minutes à sa fille. Le père rentre. Il voit le jouet entre les bras de l'enfant. Son cœur se serre. Il rencontre le regard de sa femme qui épie sur son visage la trace de cette émotion avec la jalousie que les secondes épouses gardent toujours pour les premières. L'homme n'ose rien dire. Les morts ont une fois de plus tort contre les vivants... Mais moi, qui n'avais rien oublié de mon amie disparue, cette rencontre me donna une sorte de haine instinctive contre la petite Émilie. J'avais vu autrefois un angora très sauvage que nous avions chez nous, et qui vivait presque toujours sur les toits et dans le jardin, rentrer à l'heure de son repas et se trouver face à face avec un chien reçu par mon père le matin même. Le chat était demeuré sur l'appui de la fenêtre, fixant cet hôte inconnu, n'osant pas affronter l'approche de cette boule de poils noirs, aboyante et turbulente. Pendant quatre jours nous avions pu l'apercevoir ainsi, immobile, ayant dans ses prunelles vertes une sorte de stupeur anxieuse. Puis il avait disparu pour ne plus revenir. Une rancune toute pareille et tout animale s'agitait en moi, qui justifierait seule le vilain tour que j'ai joué à cette grosse fille, aussi maladroite, lourde et grossière qu'Aline était gracieuse et jolie. Mais, non. Ce fut mieux que la malice qui me fit agir, ce fut une piété presque ridicule dans sa forme et pourtant touchante quand j'y songe, et que je ne peux pas regretter.

Il y avait donc trois ans qu'Aline était morte, mais quoique ce fût l'anniversaire de cette mort, je ne m'en souvenais guère par cette après-midi-là. Un tapis de neige couvrait le jardin, et un de mes camarades était venu me rendre visite par cette veille de Noël, pour organiser dans la principale allée une longue glissoire. C'était là notre divertissement favori, et la dureté des hivers de ce pays lui était si propice que nous y excellions. Nous voici donc, sous un ciel très pur, mon camarade et moi, nous élançant l'un derrière l'autre, tantôt tout droits et les pieds unis, tantôt à croupetons et sur un seul pied, une jambe tendue, et tombant, et nous culbutant, et criant, et riant. Il se trouva qu'au plus fort de notre tapage, Émilie rentra de la promenade. Nos exclamations l'attirèrent, et nous la vîmes s'arrêter une minute sous la voûte qui donnait sur le jardin, accompagnée de sa bonne. Elle tenait dans ses bras cette poupée, objet de ma profonde colère contre elle. Je n'aurais pas été le malicieux garnement que j'étais alors, si je n'avais pas redoublé de cris, de rires et de folie en me livrant sous ses yeux à un amusement qu'elle ne pouvait pas partager. L'envie chez la petite fille devint trop forte. Tout d'un coup et sans que sa bonne eût pu la prévenir, elle pose sa poupée contre un des battants de la porte, et elle s'élance. Le pied lui manque sur la neige. Elle tombe. Sa bonne la rattrape. Émilie, toute confuse de sa chute et de son manteau mouillé, se met à sangloter. La bonne la gourmande, et, lui prenant la main, l'entraîne pour la changer. Elles disparaissent, oubliant toutes deux la poupée qui continue de sourire avec sa bouche rouge et ses yeux bleus, le long de la porte cochère, comme autrefois quand Aline la menait là pour lui faire prendre l'air, — comme aussi au pied du lit de la pauvre morte.

Comment l'idée de voler cette poupée qu'Aline avait tant aimée me vint-elle à l'esprit subitement, moi qui, cinq minutes plus tôt, n'avais rien en tête que la folie de la glissade? Encore une question que je livre aux psychologues de l'enfance. Toujours est-il que d'avoir cette idée et de l'exécuter ne dura certainement pas cinq minutes. Ce fut une de ces tentations rapides à la fois et irrésistibles, comme je me rappelle en avoir eu quelques-unes dans ma vie d'écolier : le bond subit du sauvage sur son ennemi, ou de l'animal sur sa proie. Je l'accomplis, ce vol, si soudainement conçu, avec la simplicité de ruse que déploient en effet les sauvages et les animaux. Je profitai d'une seconde où mon camarade me tournait le dos et frappait ses galoches contre un tronc d'arbre afin de faire tomber la neige amassée entre le talon et la semelle de bois. Je saisis « Marie » à la place où elle gisait, et, tout en courant pour remonter vers la tête de la glissoire, je la jetai dans un hangar ouvert qui se trouvait là, au risque qu'elle cassât son joli visage de porcelaine sur les bûches amassées. Je la vis dégringoler sur le bois et rouler dans une brouette placée auprès des bûches. J'avais poussé en la lançant un cri si perçant qu'il couvrit le bruit de l'objet cognant les bûches et que mon camarade ne put rien deviner de la coupable action que je venais de commettre. Et nous voici de nouveau nous poursuivant, glissant et gaminant à qui mieux mieux, quand la bonne d'Émilie reparaît sous la voûte de la porte. Elle regarde à droite, elle regarde à gauche. Elle manifeste son étonnement, regarde à gauche, regarde à droite, puis sous la voûte même, puis dans le jardin.

— « Vous n'avez pas vu la poupée de Mlle Émilie? » demande-t-elle.

J'eus cette chance qu'elle s'adressât à mon camarade, qui lui répondit avec cette bonne foi d'innocence si difficile à simuler pour certains enfants.

— « Une poupée? Mais non. »

— « Elle m'a dit qu'elle l'avait posée là quand elle a voulu glisser, » fit la bonne.

— « Ce n'est pas possible, » répondit l'autre; « nous n'avons pas quitté cette place une minute, n'est-ce pas? » insista-t-il en s'adressant à moi.

— « Pas une minute, » répliquai-je en m'approchant. Je devais être bien rouge, mais l'air était si vif et nous avions tant couru!

— « Voilà qui est bien extraordinaire, » reprit la bonne, « où peut-elle l'avoir laissée?... Ah! elle va en recevoir un galop... »

Je n'étais pourtant pas méchant, mais l'idée

qu'Émilie, outre le chagrin d'avoir perdu sa poupée, allait subir une verte semonce, bien loin de me donner le moindre remords, me combla de la joie la plus délicieuse. Cette joie eût été entière, si, aussitôt rentré dans l'appartement, je n'avais été obligé de me demander ce que j'allais faire pour empêcher qu'on ne retrouvât jamais « Marie. » Cette préoccupation dura tout le soir et toute la nuit. Ni l'oie aux marrons traditionnellement servie sur la table, ni l'arbre de Noël préparé chez le camarade qui était venu jouer dans l'après-midi, ni le cadeau que j'y reçus, ni le retour tardif par les rues de la ville, blanches, sous la lune, d'une féerique blancheur de neige, ni le projet arrêté d'une partie, le lendemain, du côté d'un étang gelé où nous espérions patiner; rien, en un mot, ne parvint à me distraire de cette pensée fixe : « Pourvu que la poupée n'ait pas été découverte ce soir! Pourvu qu'elle ne le soit pas demain matin!... » Ce fut surtout couché dans mon lit que ce souci devint cuisant jusqu'à la douleur. Toutes les sensations de répugnance que m'avait données le second mariage du père d'Aline se mirent à revivre, mêlées aux sentiments tendres qui me venaient pour elle. La chambre aujourd'hui profanée par le présence de l'intruse se représenta devant mes yeux, telle que je l'avais connue. L'espèce d'hallucination, dont je parlais en commençant ce récit de ma plus lointaine amitié d'enfance, se reproduisit avec une force extraordinaire... Ma petite amie reparut, avec ses sourires, ses pâleurs, ses gestes grêles, et tous les vieux objets dont elle était comme la vigilante et douce gardienne. Dans le même éclair d'impression, je vis l'autre s'emparant du lit où Aline avait rendu l'âme, maniant de ses vilains doigts malpropres les reliures de soie passée, salissant de ses souliers aux talons tournés, — j'avais remarqué d'elle même cela, — le tapis sur lequel nous disposions les friandises de nos dînettes, volant Aline, — car, pour mon cœur d'enfant, c'était un vol que cette possession des jouets de ma petite morte. Morte! Je me répétais ce mot machinalement et je voyais la tombe, autrefois parée de si fraîches fleurs, maintenant à peine soignée, que j'avais visitée le premier novembre de cette même année, avec l'ange de plâtre agenouillé que l'on ne renouvelait plus et à qui manquaient les mains. J'étais trop pieux à cette époque pour n'être pas certain que la disparue habitait au ciel, comme elle l'avait dit, avec sa mère et d'autres anges, de vrais, ceux-là, qui portaient des lis dans des doigts imbrisables et faits de pure lumière. Pourtant mon imagination se figurait le pauvre petit corps, couché dans la terre, tel que je lui avais dit adieu dans la chambre parfumée de lilas blanc. Une horrible impression de solitude me poignait l'âme. Je me souvenais du vœu que l'enfant avait formulé, de ce désir d'emporter « sa fille » avec elle, là-bas. Ah! que j'aurais voulu aller au cimetière avec la poupée que j'avais reprise, donner de l'argent au fossoyeur, et que « Marie » reposât auprès d'Aline, — pour toujours!

... Le lendemain matin, vers les dix heures, si quelqu'un était venu dans le jardin désert et dans le coin le plus reculé, il aurait vu, au pied du seringa, maintenant tout noir et nu, un jeune garçon en tunique de collégien creuser la terre hâtivement avec une bêche. Une voûte de brouillard pesait sur la ville, un brouillard noir, où le soleil rouge vacillait, pareil à une boule de feu rongée par les ténèbres. La neige couvrait au loin les toits. Dans la maison chacun vaquait sans doute aux préparatifs du dîner. Beaucoup de personnes étaient à la grand'messe. De son pied maladroit le garçon appuyait sur le fer de la bêche, puis il déposait soigneusement la terre brune en un tas, afin que le dégât de son travail fût moins visible. Il regardait parfois le ciel menaçant pour y chercher la promesse d'une nouvelle tombée de cette neige, qui eût encore mieux effacé toutes les traces. Près de ce garçon une forme d'un enfant plus petit était étendue, mais au premier regard on eût reconnu que cette forme était simplement celle d'une poupée coiffée d'une toque, les mains passées encore dans un manchon microscopique attaché à son cou. Cette poupée semblait avoir été élégante autrefois, puis très mal soignée, à voir les déchirures de sa robe, la nudité d'un de ses pieds privé de son soulier, les éraflures de son visage de porcelaine. Un sourire immobile flottait pourtant sur sa bouche restée rouge et dans ses yeux de verre. Et voici que lentement, doucement, de la voûte funèbre du ciel, des étoiles de neige commencèrent de tomber. Le jeune garçon regarda de nouveau le ciel avec une joie singulière. Le trou était assez grand maintenant, presque aussi profond que son bras. Il prit la poupée, et par un geste enfantin il mit sur sa froide joue de porcelaine un baiser, un autre sur la soie blonde et souple des cheveux, puis il coucha soigneusement ce corps dans la terre, comme si c'eût été la dépouille d'un être ayant eu une âme. Il se mit alors à combler cette fosse avec la hâte d'un coupable. Une fenêtre du second étage s'était ouverte là-bas, dans la maison, au fond du jardin. Une voix avait crié le nom de Claude et ajouté : « Il faut rentrer. » — « Me voici, » cria le jeune garçon en reportant la bêche le long du mur, et, la tunique déjà toute blanche de neige, il courut, courut joyeusement vers la voix qui l'appelait.

— « Qu'as-tu fait?... » lui dit la même voix du haut de la fenêtre.

— « J'ai préparé une belle glissoire pour demain, » répondit-il, et c'était un mensonge pardessus un vol. — Et pourtant, lorsqu'il se confessa quelques jours plus tard avec tous les scrupules d'une ferveur précoce, le jeune garçon ne put jamais, jamais se repentir d'avoir dérobé, pour l'ensevelir ainsi, par ce matin de Noël, dans la paisible terre, sous la paisible neige, la fille aux yeux bleus, aux joues roses, aux cheveux blonds, de sa première amie.

Paris, décembre 1888.

VII

Inconnue

A MAURICE FERRARI.

INCONNUE

J'AVAIS dîné ce soir-là au cabaret, en compagnie d'une dizaine d'artistes et d'écrivains, — vous savez, un de ces dîners mensuels comme Paris en compte un grand nombre. Celui-ci avait été charmant de verve cordiale et d'anecdotes sans fiel. Lorsque des hommes de talent sont ainsi réunis et que leurs amours-propres consentent à désarmer, rien de plus exquis que la causerie, surtout si l'assemblée ne compte pas trop de ces preneurs de notes, bourreaux odieux de toute intimité. Une pièce de Shakespeare, récemment adaptée pour l'Odéon et qui roule sur une ressemblance absolue entre deux personnes, nous avait conduits à parler de ce phénomène, surprenant quelquefois jusqu'au fantastique : l'identité des physionomies entre deux êtres qui ne se sont jamais vus, qui n'ont aucun lien de race et qui pourtant sont évidemment le même être, allant et venant sous des formes pareilles, avec un caractère pareil et quelquefois une destinée pareille. Le dîner s'étant prolongé assez tard, je me trouvais, vers minuit, revenir du côté du faubourg Saint-Germain où j'habite, avec un de mes confrères, aujourd'hui, hélas ! enfermé dans une maison de fous, et qui, dès lors, inquiétait ma sympathie par la bizarrerie de ses allures. A quoi bon imprimer ici son nom et insister sur une infortune dont les journaux n'ont que trop parlé ? J'avais remarqué, pendant le dîner, que notre conversation l'intéressait passionnément et l'énervait tout ensemble. Il avait gardé le silence, et son visage, usé par vingt-cinq ans de vie littéraire, tout maigri et tiré, me paraissait plus crispé encore tandis que nous marchions côte à côte. Je l'en taquinais, selon mon habitude, avec amitié. J'avais pour lui cette affection particulière qu'un auteur éprouve pour un critique par lequel il a été une fois parfaitement compris. Fut-ce la visible sympathie de cette taquinerie, ou bien étouffait-il de sensations contenues? Toujours est-il qu'entre la rue de la Paix et celle de Bellechasse, à travers la place Vendôme déserte, puis dans la rue solitaire des Tuileries et enfin le long de cette admirable ruine de la Cour des Comptes qu'éclairait une froide et blanche lune d'hiver, il me raconta, lui aussi, une histoire de ressemblance. Elle me frappa beaucoup sur le moment, peut-être à cause de l'émotion du conteur qui contrastait avec ses habitudes de persiflante ironie. Mon Dieu! comme les jours vont et passent! Je trouve sur mon journal, en tête de cette confidence transcrite le soir même, la date du 25 novembre 1883. Il n'y a pas quatre ans! Sur les dix convives, deux sont morts, et celui qui me parlait dans la nuit, avec un accent voilé, presque tremblant de larmes cachées, ne vaudrait-il pas mieux qu'il eût, lui aussi, sombré tout entier que de se survivre, comme il fait?

« Vous avez vu juste, » me disait-il, « cette causerie m'attristait démesurément. Elle me rappelait une aventure..., puis-je appeler cela une aventure?... enfin une émotion d'un ordre trop intime pour la mettre là, sur cette table, entre les bouteilles de liqueurs, les tasses de café et les boîtes à cigares... Ah! mon ami...,» — et il me serra le bras fortement, — « si vous aimez et que vous soyez aimé, oui, croyez-m'en, moi qui ai quinze ans de plus que vous et des cheveux gris, ne refusez jamais, jamais un rendez-vous à la femme qui vous aime et que vous aimez. Où qu'elle vous demande d'aller, et quand vous devriez quitter pour cela et travaux, et devoirs, et famille, et n'importe quoi, allez-y, courez-y par-dessus toute votre vie actuelle. Entendez-moi bien : on retrouve tout, on refait tout ; position, fortune, amitiés, il n'y a rien qui ne se répare avec de l'énergie et un peu de chance, mais un vrai rendez-vous d'amour, où le retrouver quand on l'a manqué ?...

« Vous souvenez-vous, » continua-t-il avec plus de calme, « que j'étais à Venise, il y a deux ans ?... Mais oui, vous m'y avez écrit pour me demander un renseignement sur le *Cima* du *San Giorgio in Bragora*, et je ne vous ai pas répondu. Vous m'avez cru sans doute en proie à la molle et tiède rêverie qui flotte dans l'air de cette ville où l'on n'entend d'autre bruit que le déchirement de l'eau sous la rame et le claquement sur les pavés des souliers sans talon où tourne le pied des femmes, et un peu de musique au centre de cette merveilleuse place encadrée d'arcades... Je rêvais, en effet, à Venise, mais pas comme vous pensiez. J'avais d'autres fantômes à évoquer sur la frémissante lagune que ceux des femmes de Palma et des seigneurs de Bonifazio. Seulement vous ne pouviez pas le savoir, ni vous ni personne. Il aurait fallu connaître ma vie et le secret de ma première jeunesse. Ce que je venais chercher à Venise en 1881, c'était un souvenir de 1860. Vous étiez au collège alors, en huitième ou en septième, n'est-ce pas? Et moi, j'avais vingt-cinq ans, et je ramais déjà sur la galère où vous ramerez encore, quand je me reposerai pour toujours. J'étais déjà l'homme que vous connaissez, et j'avais mon métier d'écrivain dans une horreur égale à celle qu'il m'inspire aujourd'hui, mais les hasards d'un premier succès remporté au théâtre à l'âge où l'on dépose timidement des manuscrits chez les concierges avaient décidé de ma carrière... Quel singulier et paradoxal personnage que ce hasard! Il y a des gens qu'il comble de ses grâces sur la fin après les avoir torturés toute leur existence durant; moi, ce fut le contraire.

En même temps que je voyais mon petit acte joué sur la scène des Français parmi des acclamations, je rencontrais une maîtresse unique, la seule qui m'ait laissé dans le cœur ce je ne sais quoi d'infiniment doux qui devrait du moins survivre aux baisers. Mais non, ce qui survit d'ordinaire, c'est le dégoût et c'est la haine. Toutes mes amours ont été depuis d'affreuses agonies autour d'un sexe. On m'a fait du mal et j'ai fait du mal. Mes maîtresses m'ont trahi et je les ai brutalisées. Mais celle-là, celle de ma vingt-cinquième année !... Voyez, je ne peux même pas prononcer son nom. Je fondrais en larmes devant vous, là, sottement... C'était une femme à peine plus âgée que moi, toute mince, avec une pâleur attendrissante et des yeux bruns dont le regard me fait encore chaud, quand j'y pense, à une place mystérieuse de mon cœur. Elle m'aimait. Comment? Pourquoi? Ah! romancier d'analyse que vous êtes, je vous répondrai comme votre cher Hamlet, demandez pourquoi cette lune brille, pourquoi il y a des astres là-haut, une pensée dans votre cerveau, une vie de l'homme et une vie de choses; mais ne demandez pas pourquoi l'on aime. On aime parce que l'on aime, et c'est à se mettre à genoux devant un cœur qui sait aimer, comme devant la seule révélation de Dieu qu'il y ait au monde... »

Je le regardais parler avec une curiosité qu'il devina plutôt qu'il ne la vit, car, lui, ne me regardait pas; il reprit : « Pardonnez-moi cette sortie sentimentale, j'en reviens au fait. J'avais rencontré ma maîtresse dans des circonstances dont je vous épargne le détail. Il me ferait mal à vous raconter, et cela n'a pas d'intérêt pour mon histoire. Je vous dirai seulement que cette femme était mariée et que les hasards m'avaient épargné cet odieux supplice de connaître le mari, qui conduit un amant aux pires jalousies, ou à d'abaissantes, à de dégradantes intimités. Elle était Parisienne et appartenait à cette bourgeoisie riche dans laquelle les servitudes du ménage n'absorbent pas l'existence des femmes. Je vous donnerai une idée de sa délicatesse de cœur quand je vous aurai révélé qu'elle ne chercha jamais à m'attirer chez elle, et une idée de sa passion par ce simple fait qu'elle trouva, pendant les dix-huit mois que nous nous aimâmes, une heure chaque jour à me donner, tantôt le matin, tantôt l'après-midi, quelquefois le soir. Quelque temps qu'il fît et quelles qu'eussent pu être les difficultés de cette absence quotidienne, je la voyais arriver à la minute dite, avec son visage éclairé de tendresse, avec ses yeux qui me donnaient tout son cœur à chaque regard. Quand je la trouvais pâlie et que ses joues trop minces, ses yeux trop grands, une toux qu'elle avait, quelquefois me faisaient peur, elle me fermait la bouche avec sa main que je sentais fiévreuse, et elle me disait : « Je te vois si peu et je t'aime « tant, c'est tout mon mal... » Et nous nous taisions parce que nous savions tous deux qu'elle ne pouvait pas s'en aller avec moi à cause de sa mère, qui n'avait plus qu'elle au monde et qui en serait morte. Dans ces silences-là, je sentais ce que cette créature était pour moi et ce que j'étais pour elle. Je ne peux pas vous expliquer avec des mots l'espèce de trop-plein d'émotion qui nous enveloppait, nous noyait tous les deux. Et elle parlait alors pour que je ne roulasse point dans le gouffre d'une tristesse trop profonde, d'une voix qui venait de si loin, de si loin dans son cœur. Non, il ne faut pas aimer et être aimé ainsi. On ne peut plus supporter la vie !

« Cette existence de félicité divine fut interrompue par un de ces événements si simples que l'on devrait toujours s'y attendre. Avez-vous observé que d'ailleurs la prudence humaine prévoit tout, excepté ces événements simples, les seuls qui arrivent? Ma maîtresse prit froid en sortant d'un bal; elle dut se mettre au lit, et les médecins ordonnèrent pour elle un séjour du côté du soleil. Il fut arrêté qu'elle ferait avec son mari un voyage en Italie. C'était une cruelle séparation de trois mois; nous nous dîmes cependant adieu assez courageusement, quoique la correspondance fût plus difficile que ne l'eût souhaité notre passion, mais nous étions si sûrs l'un de l'autre! J'avais une foi si profonde dans ce tendre cœur, et elle connaissait si bien mon amour! Et puis nous domptions tous les deux notre tristesse par pitié l'un de l'autre. Elle partit, et comme elle était venue chez moi chaque jour, elle trouva le moyen de m'écrire chaque jour aussi, me racontant son voyage de Gênes à Pise, puis à Rome, puis à Naples, en cherchant à faire de ce voyage même quelque chose qui la rapprochât de moi davantage encore. Elle ne savait de l'histoire de l'art que les faibles éléments enseignés autrefois dans son cours de jeune fille, mais, pour me plaire, elle s'appliquait à voir de chaque ville ce que mes sens d'écrivain moderne, éveillés par de continuelles visites au

Louvre, en auraient goûté. Toutes ses lettres avaient ainsi le charme d'impressions d'art auxquelles sa pensée m'associait sans cesse, et toutes renfermaient une tendre sollicitude pour mon travail, me suppliant de lui montrer, par l'achèvement du livre sur lequel je peinais alors, qu'elle exerçait sur moi une heureuse influence. Qu'elles m'étaient bienfaisantes et douces, ces lettres !... Elles m'arrivaient le matin. Ma femme de ménage m'apportait mon courrier, et rien qu'au toucher, par-dessus les journaux et parmi les autres missives, je reconnaissais la petite enveloppe carrée dont le délicat parfum m'accompagnait ensuite toute la journée; car, dans les scrupules de ma piété amoureuse, j'emportais sur moi chaque lettre jusqu'à ce qu'une nouvelle vînt remplacer l'ancienne. C'était une joie si intime, si profonde que d'aller ainsi à mes travaux. Je montais des escaliers de directeurs de théâtre, je m'asseyais dans des bureaux de rédaction, j'entrais dans des cafés avec des confrères. Que m'importaient les vilenies du métier, les épigrammes des conversations, les âpretés des concurrences? Ma lettre était avec moi et mon cher secret !...

« Vous qui prétendez connaître le cœur

humain, expliquez-moi comment j'ai pu, attaché ainsi à cette femme par les fibres les plus tendres de mon cœur, oui, comment j'ai pu refuser d'accomplir la seule action qu'elle m'ait demandée non pas pour moi, mais pour elle, et dans une lettre datée justement de Venise ?... Elle devait rentrer en France dans deux semaines, et son mari l'ayant quittée pour revenir un peu à l'avance, voici qu'elle m'écrivit une lettre aussi passionnée celle-là et folle que les autres étaient caressantes et douces, une lettre, dans laquelle, avec des phrases brûlantes et comme l'amour en trouve dans ses égarements, elle me conjurait de tout quitter, d'accourir, de lui donner quelques jours de félicité complète dans cette ville dont elle adorait, me disait-elle, le silence infini et la morte torpeur. Elle m'expliquait où je descendrais et comment je la verrais, qu'elle allait tout le jour en gondole tandis que sa femme de chambre restait à l'hôtel, que je n'eusse pas à craindre de la compromettre, et qu'elle m'attendait, dans les quarante-huit heures qui suivraient la réception de ces pages... Oui, expliquez-moi comment, assis à ma table, lisant et relisant cette lettre si déraisonnable mais si aimante, je pus trouver dans ma réflexion de quoi résister à l'entraînement du cœur qui me poussait à prendre le train tout de suite, à partir, à me jeter à ses pieds, à lui dire : « Tu m'as demandé, me « voici… » J'avais du travail à livrer, c'était vrai, un petit roman en cours de publication dans un journal, mais quoi ? Si j'étais tombé soudain malade, il aurait bien fallu que le journal se contentât de l'informe brouillon jeté sur le papier et que je recopiais au fur et à mesure des besoins de la feuille. Ma bourse de jeune homme était peu garnie, mais quoi ? Si j'avais perdu de l'argent au jeu, j'aurais trouvé à emprunter plus d'or qu'il ne m'en fallait pour ce voyage. Bien qu'elle prétendît, ce n'était certes pas prudent de la rejoindre ainsi et nous pouvions avoir à nous en repentir, mais quoi ? Ne s'exposait-elle pas davantage chaque fois qu'elle venait me rendre visite dans mon petit appartement du quatrième, tout garni de fleurs pour la recevoir ? Et cependant ce fut cet abject mélange de prudence, d'économie et de raison qui l'emporta sur le désir de satisfaire son caprice. « Elle va revenir, » me dis-je, « et c'est trop fou, » et je lui répondis dans ce sens, multipliant les assurances de ma fidèle tendresse, lui expliquant moi-même les difficultés de mon départ; l'adjurant de hâter son retour, mais enfin opposant un non à ce passionné désir de m'avoir là-bas qu'elle m'avait montré... Je me souviens... Quand cette réponse fut envoyée, j'en eus des remords. J'appréhendais d'elle une plainte et des reproches. C'était mal connaître cette âme, créée pour le sublime de l'amour comme certains esprits d'hommes sont créés pour le sublime des idées. Elle m'écrivit pour me donner raison, et elle revint... Mais, ce qu'elle m'avait caché, ce que j'appris lorsqu'elle reparut dans ma chambre et que je la tins dans mes bras, c'est que son voyage, au lieu de la guérir, l'avait achevée. Elle me revenait mourante. Ah! je sens encore le frisson de ses mains moites sur mon visage à la dernière visite qu'elle eut encore la force de me faire, et j'entends sa voix me dire : « Mon Dieu ! Mon Dieu !... Tu ne pouvais « pas savoir, ce n'est pas ta faute... Pourquoi « m'as-tu refusé cette dernière joie ?... »

« Comprenez-vous maintenant, » reprit-il après un silence, « la sorte de mélancolie dont je fus saisi en arrivant à Venise, vingt ans après la mort de cette femme qui m'a trop aimé, comme elle me le disait encore, puisqu'elle m'a pour toujours rendu incapable d'être heureux par un autre amour? Cette mélancolie, je savais bien que je la trouverais là sur le bord de cette lagune où elle avait rêvé d'errer avec moi, mais je me croyais plus fort contre elle, grâce à ces vingt ans. Pensez-y donc, vingt ans de copie et de boulevard!... Il faut croire que l'on guérit de tout, excepté du regret d'avoir été aimé comme cela et de ne l'être plus, car, à mesure que j'approchais de cette ville, où elle m'avait appelé de son appel déchirant de mourante sans que je l'eusse compris, je commençai d'être la proie d'une espèce d'hallucination intime qui me représenta, jusqu'à la douleur, les sentiments que j'aurais eus, si j'avais fait cette route vingt ans plus tôt. Le train glissait sur la mince bande de terre que l'eau assiège des deux côtés. Elle frissonnait, cette eau sombre, dans le crépuscule, tandis que l'azur du ciel se fonçait là-haut et qu'au bord de l'horizon s'étalait la ligne d'or du soleil couchant. Que cette agonie de la lumière m'était lugubre! Qu'elle m'eût été douce si j'avais pensé que dans quelques heures je serais auprès de mon unique amour! Je m'étais bien promis, pour ne pas enfoncer encore le couteau dans la plaie, de ne pas descendre à l'hôtel où elle était descendue. Ce fut pourtant le nom de cet hôtel que je criai au gondolier, à peine sorti de wagon, par un instinct de passion plus fort que mon bon sens. Et quand je fus installé dans cet hôtel, qui sait? peut-être dans la chambre d'où elle m'avait écrit cette lettre de rendez-vous; quand je me fus mis à la fenêtre et quand je vis le divin paysage d'eau silencieuse, de clochers muets, de ciel sombre et de larges étoiles, il me sembla que le temps s'abolissait, que mon cœur d'autrefois se remettait à battre en moi, que je n'avais jamais cessé d'aimer cet être si doux, si tendre, que j'étais arrivé au rendez-vous, qu'elle allait ouvrir la porte close, que l'ardent soupir poussé vers moi devant ce même horizon n'avait pas pu être jeté en vain. Comme on reste jeune pour regretter, même quand on est devenu trop vieux pour espérer!...

« Il était dit que, juste à cette place-là, je me heurterais à cette ressemblance dont je voulais vous parler seulement... Puis, je me suis laissé aller à me souvenir!... J'étais donc, depuis plusieurs jours, dans cette Venise si propice au souvenir parce qu'elle est elle-même un souvenir, à chasser tour à tour et à rappeler l'image de la morte qui avait rêvé d'être aimée là, et d'y être aimée par moi... Vous croyez peut-être que dans une telle disposition d'esprit je m'abstenais de toute relation capable de rompre la sorte d'enchantement rétrospectif dont m'enveloppait mon passé? Ce serait mal connaître l'homme double que j'ai toujours été, que vous êtes, que nous sommes tous, misérables écrivains qui nous habituons si aisément à vivre d'un côté, à penser de l'autre. J'allais, je venais le long des quais suspendus sur l'eau verte des canaux, par les ruelles creusées entre les files des maisons, sur les escaliers à bordure de marbre des petits ponts d'une arche, sur les places dallées au centre desquelles se dresse la margelle sculptée d'un puits à cadenas, enfin à travers tout ce féerique décor dont ma maîtresse avait tant goûté le charme ancien. Je pensais à elle, — et je portais mes lettres d'introduction, et je faisais des visites. Pourquoi? Oui, pourquoi encore, monsieur le psychologue?... Ce fut au cours d'une de ces visites, à la vénitienne, le soir, après neuf heures, que cette ressemblance extraordinaire vint donner à mon hallucination sentimentale comme une forme sensible, comme un corps... Une femme entra dans le salon où je me trouvais, plutôt jolie que laide, mais sans rien qui pût m'indiquer au premier regard l'émotion dont elle allait me frapper. Elle n'avait ni la pâleur fine, ni la bouche mince et souffrante, ni les yeux tendres, ces doux yeux toujours en détresse, de celle que j'avais tant aimée ; tout au plus était-elle svelte comme elle, avec cette silhouette aristocratique et délicate que j'avais tant évoquée ces jours derniers. Mais je n'y pensai qu'à l'instant où la nouvelle venue commença de parler. Aux premiers mots qu'elle prononça, je frissonnai. A la seconde phrase, mon cœur se prit à battre aussi fort que si un sortilège m'eût tout d'un coup rendu mon amie de jadis. C'était la même voix, la même, mais à un degré que je ne peux pas vous décrire : le timbre, l'accent, la manière de chanter un peu avec quelque chose d'étouffé par moments et d'un peu sourd... En fermant les yeux et l'écoutant parler, j'aurais pu croire que la morte était là, dans la chambre, qui causait... Je ne saurais vous expliquer la révolution que cette voix, que ce spectre de voix, si je peux dire, fit dans mon cœur. J'aurais voulu pouvoir demander à cette jeune femme de prononcer certaines phrases, celles qui vibraient encore dans mon souvenir, cet : « Ah ! mon Dieu ! » soupiré lors du dernier rendez-vous, avec les pauvres et maigres mains errantes autour de mon visage. L'inconnu, qui ne le fut bientôt plus pour moi, — car on nous présenta l'un à l'autre, — suivait cependant une conversation du monde d'une parfaite insignifiance. C'était une comtesse autrichienne qui passait, comme je compris, une saison de plaisir à Venise, et précisément dans le même hôtel que moi. Ce dernier détail fut la cause indirecte qui acheva de me jeter dans un état nerveux, tout voisin de la folie. Comme je manifestais la crainte de ne pas retrouver mon chemin à travers le lacis des ruelles et que je demandais que l'on me fît chercher une gondole, la jeune comtesse m'offrit une place dans la sienne et j'acceptai. Je sais mon âge et je ne dirai pas comme notre ami, le plus fou des vieux beaux de cette époque : « Les femmes d'aujour-« d'hui sont si froides que vous pouvez les recon-« duire en fiacre à minuit sans qu'il vous arrive « rien... »

« Si vous n'êtes pas allé à Venise au printemps, vous ne pouvez pas même concevoir le charme de la nuit sur la lagune. La douceur morte des choses autour de vous, le glissement de la gondole sur l'eau sombre et souple, les masses des palais muets, la profondeur mystérieuse du ciel, les passages tour à tour dans le clair de lune et dans l'ombre, les appels des bateliers à l'angle des canaux, — tout conspire à vous envelopper d'une rêverie que l'air, à la fois tiède et frais, rend presque physique. La gondole glissait donc, et par la fenêtre ouverte de la petite cabine obscure je voyais cette eau, ces palais, ce ciel, et j'écoutais ma compagne parler. Sa voix, — la voix de l'autre, de mon adoré fantôme, — résonnait dans le silence de cette espèce de cercueil flottant. Je lui répondais juste ce qu'il fallait pour qu'elle ne se tût point, et mon ancienne maîtresse se faisait présente à travers cette voix... Je me sentais, avec un mélange de délice et de terreur, m'en aller de moi-même, de l'homme réel et vivant que j'étais, pour devenir celui d'autrefois... Non, elle n'était pas morte! C'était elle qui me parlait de sa voix si connue. Elle allait me dire une de ces phrases qui me faisaient tomber le cœur par terre, comme je le lui avais écrit un jour, de ces phrases qui posaient sur mon âme, comme je lui disais encore, une invisible bouche. Comme je comprenais qu'elle m'eût appelé ici pour m'avoir à elle et pour être à moi, tout entière, au milieu de cet apaisement enchanté de toute la vie! Non, je ne lui avais pas refusé ce bonheur suprême. J'étais venu, j'avais tout laissé pour entendre cette voix me dire un merci doux comme cette nuit, frais comme le murmure de cette eau, infini comme ce ciel... Et tandis que je perdais ainsi toute notion de l'heure où nous étions et de la femme avec qui je me trouvais, voilà que cette femme, après quelques minutes de silence, et répondant sans doute à une pensée qui venait de surgir en elle, prononça de cette même voix, vous entendez, de cette même voix, et avec le même accent, ces mêmes mots : « Ah ! mon Dieu !... »

— « Et ensuite ?... » lui demandai-je.
— « Il n'y a pas d'ensuite, » répondit-il sèchement, comme si ma question avait tout à coup brisé son souvenir... « Elle pensait sans doute à quelque achat qu'elle n'avait pas fait, à quelque lettre en retard. Nous étions arrivés devant l'hôtel. Nous débarquâmes, et je vis s'avancer au-devant d'elle un jeune homme qui paraissait l'attendre dans le hall avec quelque inquiétude. C'était son mari, à qui elle me présenta, — et qu'elle aimait, je le compris à l'accent qu'elle prit en lui parlant. A cette minute, l'identité des deux voix était si complète, et en même temps les circonstances qui m'avaient permis un éclair

d'illusion étaient si changées, que j'eus un réveil subit et définitif de mon songe. La réalité m'apparut, et mon ridicule, et ma solitude... Quelle nuit je passai à pleurer les heures que j'aurais pu avoir avant sa mort avec la seule femme que j'eusse aimée et qui m'eût aimé!... Mais à quoi bon essayer de se faire comprendre d'un autre?... Personne ne comprend personne, puisqu'elle-même, elle, je ne l'ai pas comprise!... »

Il me dit adieu brusquement et je ne le retins pas. Je le regardai s'en aller avec sa taille un peu voûtée, le long de la rue de Varenne, toute déserte... — et aujourd'hui je me demande si la folie, en l'enlevant aux misères de sa décadence morale et physique, ne lui a pas permis de revivre en pensée avec cette femme dont il ne pouvait guérir. Cela ne vaut-il pas mieux que d'écrire une millième chronique ou un vingt-cinquième roman?

Venise, mai 1887.

VIII

Autre Inconnue

A PAUL MARIÉTON.

AUTRE INCONNUE

LE dernier mot de ce petit roman, pressenti, deviné plutôt qu'observé, créé peut-être par ma fantaisie de songeur mélancolique, — le saurai-je jamais? et que m'importe! Il m'arrive pourtant d'y penser parfois plus qu'aux événements mêmes de ma propre vie, lorsque la saison est triste, comme maintenant, et lorsqu'il fait automne en nous et hors de nous, dans le ciel d'en haut et dans ce ciel intime de la rêverie qui a son azur, comme l'autre, et ses nuages... Je revois alors, aussi distinctement que si elle datait de la veille, la première des trois rencontres qui servirent de canevas à mon imagination... Je me rendais en Allemagne, où je devais entendre une suite d'opéras de Richard Wagner; le temps ne me pressait pas et j'avais décidé de faire mon excursion par petites journées. Ma première étape était Nancy. Je voulais y voir le tableau de Delacroix qui représente la mort du *Téméraire*. Le tableau fut vite vu et le musée ensuite, et je traversai la jolie place garnie de grilles en fer doré, avec ses palais, ses fontaines, sa statue, son silence heureux, afin d'entrer dans le vert jardin qui la termine et qui, par cette fin d'après-midi, faisait une oasis de fraîcheur délicieuse. Ce petit coin de parc était presque vide de promeneurs, mais quand une foule compacte se fût pressée sous les grands arbres et le long des vertes pelouses, je n'en aurais pas moins remarqué, je crois, les deux personnes dont je me souviens à l'heure présente avec l'intérêt poignant qui ne s'attache d'habitude qu'aux visages familiers. Ces deux visages, et l'un surtout, n'ont-ils point passé, repassé cent fois dans la familiarité de ma rêverie ?...

De ces deux personnes rencontrées dans une des allées de ce calme jardin, l'une était une femme et l'autre un jeune homme. La femme était brune, délicate et gracieuse, avec une de ces toilettes de voyage qui attestent au premier coup d'œil le rang social de celle qui posssède ainsi le secret d'être jolie, même dans un miroir d'auberge, — quoiqu'en ait dit Alfred de Musset. Il y a un art de simplicité raffinée, qu'une grande dame saura seule pratiquer, tant qu'il y aura des bourgeoises et des grandes dames, c'est-à-dire toujours. Celle-ci portait un costume d'une étoffe anglaise à carreaux, avec une sorte de petit veston qui dessinait à peine sa taille, et une toque de la même nuance posée sur la masse serrée de ses cheveux sombres. Son col droit, sa cravate longue, ses gants brodés, ses minces souliers vernis achevaient de lui donner une physionomie un peu masculine, qui lui seyait d'autant mieux, qu'il se dégageait un charme si féminin de ses yeux et de son sourire. Ah! les beaux yeux et qui étaient à eux seuls le plus passionné, le plus mystérieux des romans! Ce sont ces yeux de femme aimante qui me firent malgré moi suivre les deux promeneurs, ou plutôt la suivre. Ah! les yeux vivants, et dont je ne me rappelle plus la couleur, je n'ai vu d'eux que leur regard! Ils étaient noyés d'une félicité qui rayonnait sur tout le visage et finissait de se montrer par un sourire d'une divine douceur, par un abandonnement de tout son être dans sa démarche. Elle s'appuyait au bras de son compagnon, et on sentait que chaque mouvement qu'ils faisaient ensemble lui communiquait, à elle, une émotion tendre. Elle n'était plus une toute jeune femme, et, quoique sa beauté fût demeurée entière, l'expression seule de ses traits suffisait à montrer une différence de bien près de dix années entre elle et celui qu'elle semblait tant aimer, et il comptait déjà vingt-cinq ans. Il était lui-même charmant à regarder, mince, un peu pâli, et comme reconnaissant d'être aimé ainsi. Ses gestes se faisaient doux, ses yeux répondaient aux yeux, son sourire répondait au sourire de son amie. Ils marchaient, et je les suivais, cherchant à deviner quel rendez-vous de mystère les avait amenés dans ce jardin provincial. Ils appartenaient visiblement à un monde comblé, à une vie opulente et supérieure. Ils n'étaient pas mariés, la distance de leurs âges l'indiquait trop bien. Au timbre de sa voix, entendue par intervalles, je l'aurais prise volontiers pour une Anglaise, mais comment juger de la nationalité d'une femme de cet âge-là, lorsqu'elle fait partie de cette société européenne qui confond si bien les plus extrêmes différences de races ? Ils marchaient toujours, hâtant, retardant le pas, absorbés dans leur causerie et ne remarquant pas l'innocent espion qui les suivait, et qui marchait à leur suite, s'assimilant en pensée toute une existence de délices clandestines, enviant à ce jeune homme le sentiment qu'il inspirait, et plus encore à cette femme le sentiment qu'elle ressentait. — Qui n'a connu cette dernière envie-là, peut-être la seule qui soit tout à fait noble, celle d'une émotion si profonde qu'on se juge incapable de l'éprouver à ce degré ?...

Quatre années s'étaient écoulées depuis lors, quatre années durant lesquelles j'avais regardé bien des physionomies humaines et participé à la vie intime de bien des âmes, en proie à cette étrange curiosité de la sensation d'autrui qui s'exalte avec le temps au lieu de s'apaiser. Ce soir-là je me trouvais à Paris, assis dans un des fauteuils d'orchestre d'un théâtre de genre, et, durant l'entr'acte, je fouillais la salle du bout de ma lorgnette. On donnait la cinquantième représentation d'une opérette en vogue, et je ne rencontrais pas, dans cette salle d'été, une seule figure de moi connue sur laquelle je pusse mettre un nom et un caractère... Et voici que ma lorgnette tomba sur une première loge dans laquelle se tenaient un homme et une femme, seuls, — l'homme âgé d'environ cinquante ans, lourd, massif et de face brutale, mais la femme? Où donc avais-je vu ce profil qui s'appuyait maintenant sur une main gantée? Où, ces beaux yeux? Où, cette chevelure? Mais la noire chevelure avait blanchi par touffes, mais une meurtrissure cernait les yeux, mais le noble profil gardait l'empreinte de soucis longuement supportés, et la bouche amère ne devait plus s'épanouir souvent dans un sourire de félicité, comme jadis, lorsque le vert jardin de la vieille ville laissait passer l'amoureuse et son aimé. Oui, c'était bien elle, et malgré le ravage des années, malgré l'expression de lassitude empreinte sur tous ses traits, je reconnus, sous le chapeau fermé, le visage de femme que j'avais suivi d'un si complaisant regard, sous la toque de voyage de la même nuance que sa robe.

Avec qui donc se trouvait-elle dans cette loge d'un petit théâtre où elle serait venue deux mois plus tôt si elle avait été une Parisienne? Pas plus que je n'avais hésité l'autre fois à croire qu'elle se promenait au bras de son amant, je n'hésitai à croire cette fois qu'elle était auprès de son mari. J'examinai cet homme avec une curiosité singulière et sans ironie, — la sorte de comique propre à l'adultère m'ayant toujours échappé. — Si c'était sa femme, à coup sûr, c'était une femme dont la présence le laissait parfaitement calme et indifférent. Les deux coudes sur le rebord rouge de la loge, le torse moulé dans sa redingote, il lorgnait, lui aussi, la salle de temps à autre, formulait quelque observation, puis, penché en arrière, abandonné sur son fauteuil, il bâillait sans se donner la peine de mettre devant sa bouche sa large et forte main. Comme personne ne vint dans la loge pendant les entr'actes, j'en conclus davantage encore qu'ils étaient étrangers, et comme cette femme était si triste, comme elle semblait si lassée, si revenue de toute joie, elle que j'avais vue ravie et radieuse, je pensai involontairement au jeune homme qu'elle m'avait paru tant aimer. Où était-il? Que faisait-il? Était-il mort, absent, infidèle? Y avait-il entre eux l'inévitable séparation du tombeau, ou bien celle de la volonté, plus cruellement inévitable? Non, ce n'était pas elle qui l'avait quitté la première. Elle n'avait, hélas! ni l'âge, ni surtout l'âme des abandons. Ses yeux mentaient merveilleusement si elle n'était pas constante et sûre, et je me pris à revenir sur le roman esquissé jadis par ma fantaisie. J'en arrivais aux derniers chapitres, ceux de la rupture, où tout ce qui fut la joie du cœur en devient le martyre. Je devinais cette période affreuse où la maîtresse espère tour à tour et désespère, où l'amant ne sait ni avouer ni cacher la métamorphose de sa tendresse. Benjamin Constant a fait *Adolphe* avec l'histoire d'une de ces agonies. L'Ellénore de son terrible roman a deux bonheurs dans son désespoir : elle est libre de se livrer à ce désespoir et elle peut en mourir, tandis que les Ellénore du monde continuent de vivre et doivent s'habiller, sortir, aller au bal, au théâtre, en visite, — avec leur démon dans le cœur!...

———

L'observation a ses heureux et ses mauvais hasards, — plus souvent d'heureux, car celui qui tient toujours ses yeux ouverts, recueille toutes sortes de détails invisibles à la plupart des passants de la vie, si pareils aux passants de la rue, par leur indifférence et leur incuriosité. En aurai-je, moi, perdu des heures, assis à une table de restaurant, enfoncé dans un coin de wagon, debout sur un trottoir de rue, partout enfin où l'animal humain se laisse voir, en aurai-je perdu des heures, à déchiffrer de mon mieux le caractère et la destinée de créatures dont je ne savais rien, sinon l'afflux de leur sang sur leurs joues, le pli de leurs lèvres dans le sourire et de leurs paupières dans le clignement, le son de leur voix, leur geste, leur costume ?... Perdu ? Quelquefois oui, quelquefois non, et, à coup sûr, je fus inspiré de mon bon génie lorsque, voici trois mois, je me mis à me promener sur le paquebot qui va de Boulogne à Folkestone, au lieu de contempler la mer. Elle était pourtant d'un bleu divin, cette mer adoucie, de ce bleu sombre et tendre qu'elle a dans ses beaux jours, et qui contraste avec le bleu tendre aussi, mais tout clair, du ciel. J'allais en Angleterre, et déjà ce pont de bateau me procurait un avant-goût des gares de Londres, grâce à la singularité des toilettes, grâce au teint pourpré de quelques-uns d'entre les passagers. Par combien de verres de porto certains sujets de Sa Majesté Britannique ont-ils dû acquérir cette rouge ardeur de tout leur visage? Ce fut justement à côté d'un de ces gentlemen qui ressemblent à la statue vivante et allante de l'apoplexie, que mon regard rencontra, — et du premier coup je le reconnus, — le jeune homme du parc de Nancy, l'ami ancien de la douloureuse étrangère aperçue au théâtre l'autre soir. Il avait à peine changé. Sa moustache s'était un peu épaissie. Il conservait la même élégance de manière et d'attitude, mais les yeux, les beaux yeux noyés de la promeneuse du jardin si vert, n'étaient plus là pour l'envelopper de leur caresse continue. Une femme se tenait pourtant auprès de lui, toute jeune, blonde et jolie, mais de cette joliesse qui résulte de l'âge et sous laquelle transparaît déjà la sécheresse future et la dureté du masque. Ses yeux étaient bleus, mais si les yeux bleus sont les plus tendres, ils sont aussi les plus froids, et les siens étaient glacés. L'ondée lumineuse de l'émotion intime passerait-elle jamais dans ces prunelles?... Pour l'instant, et ces yeux et la jeune femme demeuraient insensibles à l'attention du jeune homme, qui, visiblement, était très épris de sa compagne. Il lui parlait avec un souci de lui plaire qui la faisait se détourner à peine et répondre du bout de ses lèvres minces, destinées à être un jour des lèvres si sèches et si pincées. Était-elle sa maîtresse ? Était-elle sa femme ? Je penchai pour la dernière hypothèse, à cause de l'air de parfaite convenance qui se dégageait de toute sa personne, habillée évidemment par un couturier à la mode, mais sans ce rien de personnel que l'autre, la promeneuse de Nancy, possédait jusque dans ses moindres gestes. C'est d'elle, en effet, que je me souvenais, et j'épiais sur le visage du jeune homme inconnu un passage triste, un regret, une mélancolie. Je savais, moi, quoique je ne pusse dire ni son nom, ni son histoire, ni même sa patrie, qu'il avait été aimé, qu'il ne l'était plus. Mais lui, ne semblait pas se douter qu'il eût connu des heures plus douces. Après tout, s'il aimait, comme il semblait le faire, cette froide et jolie enfant, n'était-il pas plus heureux près d'elle qu'il ne l'avait été près de l'autre, puisque de cette autre il était aimé plus qu'il ne l'aimait ?... Et c'est à cette dernière que je ne peux m'empêcher de songer toujours par ces après-midi voilées de la mort de l'année. Ah ! que je voudrais encore une fois me rencontrer sur son passage et recevoir d'elle une confidence qu'elle n'a jamais pu faire, sans doute, et que j'accueillerais avec une émotion si douce, avec une pitié presque religieuse! Mais cette confidence, je ne l'aurai pas, et je continuerai longtemps à me sentir l'ami inconnu d'une douleur que j'aurais comprise, consolée peut-être, l'ami inconnu d'une amie inconnue et qui l'ignorera toujours.

Paris, novembre 1885.

Table

TABLE

I.	Gladys Harvey.	1
II.	Madame Bressuire.	61
III.	La Comtesse de Candale.	143
IV.	La Senorita Rosario.	167
V.	Claire.	191
VI.	Trois petites filles.	215
	I. Simone.	217
	II. Lucie	235
	III. Aline	261
VII.	Inconnue.	293
VIII.	Autre Inconnue.	317

Achevé d'imprimer

le seize février mil huit cent quatre-vingt-neuf

PAR

ALPHONSE LEMERRE

(Aug. Springer, *conducteur*)

25, RUE DES GRANDS-AUGUSTINS, 25

A PARIS

www.ingramcontent.com/pod-product-compliance
Lightning Source LLC
Chambersburg PA
CBHW060632170426
43199CB00012B/1521